记忆中原丛书

中华龙乡 濮阳

总主编 赵素萍
执行主编 苏长青
本册主编 张锦印

河南科学技术出版社
·郑州·

图书在版编目（CIP）数据

中华龙乡：濮阳 / 张锦印主编. — 郑州：河南科学技术出版社，2018.9

（记忆中原丛书 / 赵素萍主编）

ISBN 978-7-5349-9222-3

Ⅰ. ①中… Ⅱ. ①张… Ⅲ. ①文化史－濮阳 Ⅳ. ①K296.13

中国版本图书馆 CIP 数据核字（2018）第 085160 号

出版发行： 河南科学技术出版社

地址：郑州市经五路 66 号　　邮编：450002

电话：（0371）65737028　65788613

网址：www.hnstp.cn

策划编辑： 李喜婷　汪林中　冯俊杰

责任编辑： 陈海颜　孟凡晓

责任校对： 丁秀荣

责任印制： 张　巍

书籍设计： 赵　钧

排　　版： 蔡　凤

印　　刷： 河南博雅彩印有限公司

经　　销： 全国新华书店

开　　本： 787 mm × 1092 mm　1/16　**印张：** 13　**字数：** 200 千字

版　　次： 2018 年 9 月第 1 版　　2018 年 9 月第 1 次印刷

定　　价： 99.00 元

不忘本来　开创未来

《诗经·小雅·吉日》曰："瞻彼中原，其祁孔有。"

中原，本意为天下至中的原野，后来逐渐演化为泛指黄河中下游地区，也称中土、中州、华夏。在某些特定的语境中，中原又是"中国"的代名词。

中原文化是中原地区、主要是河南省的物质文化和精神文化的总称。中原文化是中华文化的母体和主干，在漫长的中国历史中长期居于正统主流地位，中原文化一定程度上代表着中国传统文化。

河南人爱说"中"。一个"中"字，尽显中原文化的正大气象和源远流长。

中原这块沃土，不仅是东亚现代人类的主要起源地，而且自上古时期就形成了发达的农业文明，并率先跨过了"文明的门槛"。

从夏代到北宋的3 000多年间，先后有22个朝代、200多位帝王在河南建都。全国十大古都河南有其四。河南曾长期是全国政治、经济、军事、文化的中心，中国古代创造发明的中心，向全国和世界传播交流文明的中心。

中华文明丰富的文化景观、文化遗存、历史文物、文化典籍和艺术珍品在中原大地比比皆是，使河南如同一座浩瀚的历史博物馆，一本看得见、摸得着的中国历史文化教科书。河南的馆藏文物、国家历史文化名城和全国重点文物保护单位数量，均居全国前列。甲骨文在这里发现，四大发明与河南关系密切，连接东西享誉世界的丝绸之路从这里起步。

水有源、树有根、人有姓。河南是中国姓氏的重要发源地，依人口数量排名的100个大姓中，有70余个起源于河南。中华传统文化通过姓氏家族延续传承，跟随姓氏漂洋过海。"贵姓""仙乡何处"的寻常问候常常引起游子无限的乡思乡愁，也成为近年来河南根亲文化的"重头戏"。

天下名人，中州过半。在《二十四史》中，立传的名人共5 700余人，仅汉、唐、宋、明四个朝代，河南籍名人就达912人。在耳熟能详的文化圣人当中，出生于河南或长期在河南活动的近30位。谋圣姜太公、道圣老子、墨圣墨子、商圣范蠡、医圣张仲景、科圣张衡、字圣许慎、诗圣杜甫、画圣吴道子、律圣朱载堉，等等，都是中华文化发展史上的不朽丰碑。

中原文化门类齐全，博大精深。文学星空，河南人星光璀璨；武术杂技，少林太极称双雄；婚丧嫁娶，人生礼仪在斯；梆弦声里，地方戏风靡大河南北。洋洋洒洒，中原书风千载传承；丹青妙手，河南画苑代有佳作……

中原文化之于中华文化，就内容讲，是最基础、最基本的部分；就特点讲，是最具代表性的部分；就历史发展过程讲，是最具贯穿性的部分；就地域讲，是最具影响力的部分。中原文化具有根源性、原创性、包容性、开放性等诸多特质，开放与包容使得中原文化具有绵绵不绝的生命力与创造力。

中原地处“天地之中”、华夏腹地，九州通衢的独特地理位置决定了中原文化始终处于与外部文化的交流融合当中，这种交流与融合影响到中原文化的方方面面。

早在新石器时代，中原文化便成为推动中国境内各种文化交汇的强大动力，加快了中华文明的进程。

夏、商、周三代是中国历史上的重要时期，其时中原和周边地区交流融合、相互促进，奠定了中华文明形成和发展的基础。汉代，中外贸易频繁，形成了后人熟知的丝绸之路，洛阳成为丝绸之路的东方起点。隋唐时期，洛阳是当时的国际性大都市之一，成为了东西方文化、贸易交流和传播的中心。以开封为中心的北宋文化，以丰厚的底蕴、深邃的思想、恢宏的气势、绚丽的色彩，把中原历史文化推向高峰。唐宋之际，中原文化通过丝绸之路、大运河及海上丝绸之路跨出国门，影响波及亚洲乃至世界。

古往今来，无数中原的思想家，用自己的思考深刻地影响着历史的进程，成为中国思想文化的主干，并对世界文化产生了很大影响。西方许多杰出人物如伏尔泰、狄德罗、托尔斯泰等都曾受到《道德经》的影响。而在中原的腹地嵩山脚下，儒、释、道“三教合流”，经过千百年的融汇发展，儒、释、道三种文化已经深深熔铸在我们民族的生命力、凝聚力和创造力之中。

中华文化革故鼎新、生生不息的生命力，源于中华文化与周边文化持续不断的碰撞和融合。

梁启超先生曾指出，中原的中国经过秦汉一统，成为中国的中国；中国的中国经由与印度、日本等接触，成为亚洲的中国；近世以来，中国进入世界舞台，与欧美竞争，而成为世界的中国。

从世界范围来看，不同文明之间的碰撞与交流成为世界历史发展的主要动力；从中国范围内来看，中原文化与周边文化的互动奠定了中华文化的根基；从中原范围内来看，以嵩山周围为核心的河洛文化与周边文化的融合助推中原文化茁壮成长。

八方风雨会中州。目前河南共有18个省辖市，每个市都有其独特的文化，尤其是一些与外省接壤的省辖市，更是中原文化与周边文化交流碰撞的前沿。南阳的“楚风汉韵”、信阳的“豫风楚韵”久负盛名，三门峡与秦晋文化的交汇，安阳、鹤壁与燕赵文化的融通，濮阳、商丘与齐鲁文化的交融，周口、驻马店与江淮文化的互动，焦作、济源与三晋文化的交流等，都形成了地域文化的独特小环境。这些区域文化之间的开合、融通铸就了中原文化的生命力。

冠八枢而奠中原，得中原者得天下。

中原文化，出彩千年！

习近平总书记提出，让中原更加出彩。

河南在全面建成小康社会的快车道上，始终不忘提升中原文化的整体实力和影响力。从“加快文化资源大省向文化强省跨越”，到“加快建设文化强省”，再到“加快构筑全国重要的文化高地”，这种渐次提升既契合党中央关于强化文化发展的新理念、新思想、新战略，又体现了河南省委对文化建设的高度重视。

从中原崛起到建设经济强省，博大精深的中原文化始终是河南最为倚重的资源之一；从华夏历史文明传承创新区到全球华人精神家园和心灵故乡的打造，中原文化已经、正在，而且还将要以更加丰富多彩的形式、手段被挖掘、整理，传承和创新。

党的十九大报告指出：推动中华优秀传统文化创造性转化、创新性发展，继承革命文化，发展社会主义先进文化，不忘本来、吸收外来、面向未来，更好地构筑中国精神、中国价值、中国力量，为人民提供精神指引。

多年来，依托厚重的中原文化，河南的文史研究、新闻出版、广播影视等部门进行了卓有成效的工作，取得了丰硕的成果。经过充分调研，中共河南省委宣传部决定组织全省各省辖市市委宣传部编纂大型精品文化普及读物“记忆中原”丛书，一套19卷，分为《品读中原》以及18个地市卷。丛书围绕中原文化精华这条主线，选择各地文化经典和精要，系统梳理河南地域文化特色，全面展示中原文化风貌，讲好中原故事，传播中华文化，凝聚中国力量。“记忆中原”丛书作为一种融媒体出版物，融合多种媒体形式，书籍与文创产品并重，文化与旅游资源嫁接，这种创新的出版方式是中原文化更加出彩的一种生动体现，也为中原更加出彩提供精神力量。

天下中原，老家河南。

中原是一座“文化的活态博物馆”。河南堪称全球华人的根亲文化圣地。与其在远处仰望，不如到中原走访。真诚希望读者朋友能从书中感受到中原文化的魅力，更期望朋友们以这套丛书为“路标”，到河南走走，回老家看看。厚重河南欢迎您，壮美中原欢迎您。

“记忆中原”丛书编委会

2018年7月

目录

谈古说今

——阅读历史　标点濮阳　1

黄河岸边这片沃土 …… 2
长河卫风 …… 5
治河、战争与地方文化 …… 7
石化工业引领经济腾飞 …… 10

要事回放

——治河、战争及其他　13

颛顼改革原始宗教 …… 14
昆吾铸鼎 …… 15
卫迁帝丘 …… 16
城濮之战 …… 17
戚城会盟 …… 18
孔子在卫 …… 19
铁丘之战 …… 20
马陵之战 …… 21
曹操、吕布濮阳之战 …… 21
汉武帝治河 …… 22
王景治河 …… 23
五代梁唐濮阳之战 …… 24
澶渊之盟 …… 25
高超治河 …… 26
徐有贞治河 …… 26
郑板桥在范县 …… 27

盐民暴动 …… 28
冀鲁豫边区党委成立 …… 29
八公桥军事会议 …… 30
刘邓大军渡黄河 …… 31
华东野战军新式整军运动 …… 33
中原油田建成 …… 35

名人扫描

——濮上人物撷英 37

人文先祖舜 …… 38
谦谦君子蘧伯玉 …… 39
卫国能臣史鱼 …… 40
至孝典范闵子骞 …… 42
贤良大夫柳下惠 …… 42
农民起义领袖跖 …… 44
侠义之士荆轲 …… 45
立君立言吕不韦 …… 47
西汉名臣汲黯 …… 49
易学大家京房 …… 50
九世同堂张公艺 …… 52
有勇有谋张公谨 …… 53
天文学家僧一行 …… 55
博学耿直李义琰 …… 57
外交能臣李义琛 …… 58
清廉孝贤杜暹 …… 59
中唐柱臣杜鸿渐 …… 61
爱国名将南霁云 …… 62
史学家张昭 …… 63
儒林名宦晁迥 …… 64
杂剧大家宫天挺 …… 66
蒙族贤哲伯颜宗道 …… 67
唐兀氏名人崇喜 …… 68

明代开州八都 …… 69
兵部尚书苏祐 …… 74
忠臣廉吏魏允贞 …… 74
清官叶廷秀 …… 76
尚书王崇庆 …… 78
人民教育家高镇五 …… 79
玉门油田奠基人孙健初 …… 81
“坠子皇后”乔清秀 …… 83
无产阶级革命家段君毅 …… 84

寻根问祖

——叶与根的絮语 87

源于濮阳的姓氏 …… 88
名宦世家——唐代“万石张家” …… 92
文学世家——北宋晁氏家族 …… 93
文武兼备——明清澶东郭氏家族 …… 94
人才辈出——明清苏姓家族 …… 95

古城印象

——绵延不断的文脉 97

颛顼遗都与北门锁钥 …… 98
古城地标——四牌楼 …… 102
繁花似锦的澶州、开州文化 …… 104

考古探秘

——五千年文明览胜 107

西水坡遗址 …… 108
马庄遗址 …… 110
东周卫国故城遗址 …… 111
戚城遗址 …… 112
古文化遗址 …… 113
唐兀公碑 …… 115
敕修河道功完之碑 …… 117
古代建筑遗珍 …… 118
馆藏文物 …… 120

胜景掠影

——濮上画廊 123

“开州八景”今何在 …… 124
戚城文物景区 …… 125
造字圣人仓颉陵庙 …… 129
子路墓祠 …… 130
登临赏景瑕丘古迹 …… 133
天主教堂 …… 134
华美中学 …… 135
革命胜迹要览 …… 136
渠村黄河分洪闸 …… 146
濮上生态园 …… 147

名品荟萃

——巧手制作，智慧见证　149

草辫 …… 150
麦秆画 …… 151
黑陶 …… 152
面塑 …… 152
剪纸 …… 153
壮馍 …… 154
“六百居”香肠 …… 154
渠村黑牛肉 …… 155
“状元红”酒 …… 155
焦夫西瓜 …… 156

“非遗”概览

——传统文化有声有韵　157

濮阳“非遗”概述 …… 158
戏曲传承　唯我独秀 …… 161
东北庄杂技 …… 165
民间艺术 …… 166

城市名片

——面向未来的新濮阳　175

名片之一：中华龙乡 …… 176
名片之二：杂技名城 …… 179
名片之三：中原油田 …… 184
名片之四：“七城二奖” …… 186

本书音频资源列表

音频故事	来源	页码
正月十五挂花灯	原创	8
张清丰的故事	原创	8
帝舜传说	原创	38
尧王惩子	原创	38
尧王访贤	原创	38
鞭打芦花	原创	42
南霁云的故事	原创	62
仓颉造字的传说	原创	113
普照寺的传说	原创	120
百里负米	原创	131
清丰草帽	原创	150
黄龙潭的故事	原创	158
老寿星的传说	原创	158
柳姐	原创	158
泥马渡康王的传说	原创	158
三娘子舍身救百姓	原创	174
孙二娘二进十字坡	原创	174
养源堂的故事	原创	174
榆园军的传说	原创	174
枣格村	原创	174

本书视频资源列表

视频	来源	页码
濮阳城市宣传片	原创	1
战濮阳	《CCTV空中剧院》	22
澶渊之盟	《特别呈现》	25
闵子骞	《文化大百科》	42
荆轲刺秦王	《百家讲坛》	46
吕不韦辅佐异人之谜	《百家讲坛》	47
瓠子堵口	《动画大放映》	49
一滴汽油一滴血	《特别呈现》	81
张	原创	88
孙	原创	89
石	原创	89
孔	原创	89
顾	原创	90
柳	原创	91
卫	原创	91
6 500年前的祭祀： 地下星图　岁月留痕	《考古中国》	108
大象中原——蚌龙的秘密	《国宝档案》	108
家居之都　生态清丰	《乡村大世界》	151
河南濮阳龙乡老味道	《蔚蓝的故乡》	156
点草成金　聂氏麦秆画	《根在中原》	160
杂技之乡	《走遍中国》	165
东南西北过大年　濮阳	《多彩华夏》	176

谈古说今

——阅读历史 标点濮阳

濮阳城市宣传片

濮阳历史悠久，是2004年国务院公布的国家历史文化名城。濮阳市是中原油田总部所在地，是1983年国务院批准建立的河南省省辖市。1987年，这里考古出土了轰动海内外的“中华第一龙”，濮阳被誉为“中华龙乡”。2011年，濮阳被中华炎黄文化研究会命名为“华夏龙都”，被中国古都学会命名为“中华帝都”。

黄河岸边这片沃土

濮阳地处中原腹地、河南省东北部，东望泰山，与山东省比肩，西依太行，北接古燕赵之地，与河北省毗邻，扼华北平原南北通道的咽喉，自古为战略要地。

“濮阳”是一个古老的地名，最早见于《史记·卫康叔世家》。秦统一中国后，推行郡县制，东郡濮阳县自此正式成为行政建置地名。在此后的2 000多年里，濮阳一直是州郡治所。唐宋以降，所在地域又有澶州、开州之名。由于黄河变迁和战争，以及政权割据分立，今天濮阳市所辖县区在历史上的行政隶属变动不居。

数千年来，黄河依地势由西南向东北从濮阳流过，许多支流如蛛网密布。濮阳境内分布的卫河、金堤河、马颊河、徒骇河等河流，见证着历代黄河的变迁。现在，穿过城区的马颊河被命名为濮水，使人们对濮阳地名的由来记忆犹新：濮阳因位于古濮水之阳（河流的北面称“阳”）而得名。

黄河塑造了濮阳这片沃野，也催生了这里的古老文明。早在传说中的上古“五帝”时期，我们的先祖就在这里繁衍生息。中华人文先祖、“五帝”之一的

帝舜故里

濮阳古城

颛顼是濮阳文明史的肇创者，史书称这里为“颛顼之墟”和“颛顼遗都”。而考古资料则把人类在濮阳的生存史追溯到七八千年前的新石器时代，此后经历了距今7 000～5 000年的仰韶文化时期、距今4 000多年的龙山文化时期绵延不绝。诸部族始则相争，继则相安，彼此的经济文化交流为中华文明的形成和发展做出了重大贡献。夏朝的第五个国王相居帝丘（今濮阳市西南）、商朝的先祖相土迁都帝丘、东夷人后羿推翻夏代统治，都以此地为历史舞台。先秦文献多次提到上古先民在这一带活动的地名，如颛顼活动的帝丘、虞舜打鱼的雷泽、往来贩货的顿丘皆在今濮阳境内，很多地名一直延续到今天仍在使用。这里考古发现的大多数史前文化遗址也多被赋予远古先祖的名字，如颛顼高城遗址、丹朱（尧的儿子）墓遗址、仓颉（造字圣人）陵遗址，其中无疑包含着后人对史前人文先祖的深情追忆。1987年，考古工作者在濮阳县西水坡遗址出土了6 000多年前的龙虎图像，其中龙形象和后

澶渊之盟纪念馆

龙湖赛龙舟

代的龙十分相似，文化内涵十分丰富，被专家们誉为“中华第一龙”。龙虎遗存的发现和濮阳文明底蕴血脉相连，奠定了濮阳在中华文明中的地位。

濮阳市行政区面积4 266平方公里，人口391.9万（2015年），濮阳市辖濮阳县、清丰县、南乐县、范县、台前县和华龙区5县1区，设有1个国家级经济开发区、1个工业园区和1个城乡一体化示范区。居民以汉族为主，还有回、满、蒙、藏、苗、壮等30多个兄弟民族。

濮阳四季分明，日照充分，雨量集中，年平均气温13.4摄氏度，年降水量500～600毫米，无霜期一般为205天，属典型的暖温带气候。

濮阳地下矿藏资源丰富，尤其是石油和天然气。境内的中原油田是华北地区最大的油气田。

适宜的地理和气候条件，孕育了古代早期农业文明，构成了五千年濮阳经济、政治和社会文化发展的自然基础。得天独厚的油气资源为濮阳的现代工业经济插上了腾飞的翅膀。

• 长河卫风 •

夏、商、周在中国历史上称为“三代”，是中华文明的形成期。从夏代到西周，濮阳广大地区仍然是夏、商和东夷等不同部族和文化的错居交融之地。夏代，这里有昆吾、顾、韦等部落邦国。商周以来，濮阳一直是王朝统治中心区的东部边缘，文献称之为“东”。

东西南北文化交流的地理优势使濮阳人文荟萃，到春秋时期，终于形成了具有鲜明特色的地域文化——卫风。中国最早的诗歌总集《诗经》中有关卫国的诗歌就占了《国风》的三分之一。孔子周游列国十四年有十年在卫国度过。他在这里结交名人，收徒讲学，许多弟子或为卫人，或仕于卫。在距离濮阳市南30公里处有当年孔子讲学的“学堂岗”。《开州志》记载：在今濮阳孟轲集有孟子讲学的孟轲坛，明清时称大贤店。可见儒学“亚圣”孟子也追步先师孔子把卫国当成传播儒家文化的讲坛。道家学派的“亚圣”庄子来到卫国，学术交流之余垂钓于濮水，曾与惠子就审美欣赏和逻辑认识之间的关系展开辩论。孔子曾说“鲁卫之政兄弟也”，道出了两国文化千丝万缕的联系。公元前544年，吴公子季札访卫，倾听“卫风”演奏，拜访卫国名人，对卫文化中的“君子

挥公陵园

濮阳未名园

之风”发出了由衷的感慨。引领春秋战国文化风尚、内涵厚重的卫文化，孕育、奠定了两千多年濮阳人杰地灵的基础。

公元前629年，卫成公自楚丘（今安阳滑县东）迁都于帝丘，帝丘即今天的濮阳县五星乡的高城遗址。卫国在此立国近400年。春秋战国时期，黄河的天然地理阻隔，使中原地区几个带有地域特征的文化圈逐渐形成，主要有燕赵文化、齐鲁文化和南方的楚文化。而濮阳位于黄河东岸，处在这几个文化地带的包围之中，战争和人才流动所形成的文化交汇彰显濮阳的地理区位优势，内涵丰富、具有地域特征的“郑卫文化”应运而生。它既有东方齐鲁礼乐文化的君子气质，又有北方燕赵侠义之风。一直到今天，濮阳市所辖五县中，南乐、清丰有燕赵之风，范县、台前有齐鲁遗韵，濮阳则与郑卫相似，三块地区不仅方言不同，而且生活风俗也有着明显的区别。许多成语故事，如退避三舍、螳臂当车、众叛亲离、囤积居奇等都源于濮阳。桑林之中、濮水之上的“郑卫之音”作为区别于王朝庙堂雅乐的新兴音乐，风靡东周400余年。其人性化的艺术感染力竟使战国七雄之一的魏国的魏文侯听得如醉如痴。而孔子、孟子、庄子在这里进行的政治实践和文化交流，更加奠定了濮阳深厚的人文底蕴。

濮阳之名始于战国末期。诸侯兼并使卫国的地域仅限于濮水之北。公元前241年，秦迁卫元君于野王（今焦作沁阳），作为秦的附庸。公元前209年，卫最终为秦所灭。卫国从康叔受封到灭国，存在800余年，是周朝最后一个被灭亡的诸侯国。东

濮阳城乡一体化示范区

周时期，卫国经济文化繁荣发达，是古代濮阳的黄金时代。秦统一中国后，具有鲜明特征的卫文化退出了历史舞台，但其深厚的人文底蕴却在此延续了2 000多年。

• 治河、战争与地方文化 •

黄河养育了两岸人民，孕育了灿烂的上古文明，但其频繁的决溢也使两岸人民饱受洪水之苦。确保黄河安澜成为历代王朝执政之要。历史上几次大的治河工程都在濮阳境内，如汉武帝率将士堵塞瓠子河决，西汉王景治理黄河、汴渠河决，北宋仁宗年间堵塞商胡决口。在与洪水的抗争中，人们承受了家破人亡的巨大痛苦，也形成了质朴洒脱、乐善好施、急公好义的豪爽性格。又因濮阳地处中原东西、南北轴心和河朔要冲的形势，历代王朝在此建州立郡，各种政治势力在此角逐称雄。春秋“城濮之战”，曹操、吕布濮阳之战，宋辽“澶州之战”等名战史不绝书。在战争的洗礼中，濮阳人形成了勇武刚毅的性格。每当外敌入侵，人们便自发地团结起来进行英勇顽强的抗争。正是这种战争的环境、保家卫国的需要，养成了尚武的民风。即使在和平时期，人们也居安思危，在田间地头、街头巷尾、茶余饭后练上几招，天长日久，集表演与武术为一体的杂技艺术、种类繁多的戏剧艺术便应运而生。华龙区东北庄被誉为“中国杂技之乡”。文化艺术也多汇集于此，濮阳成为保留古代剧种较多的地区。至今仍活跃在舞台上的大平调、大弦戏、目连戏、四平调四个剧种和东北庄杂技被国务院列入第一批重点保护的国家级非物质文化遗产。

2 000多年来，濮阳这块土地上诞生了许多忠臣孝子、儒学大家、朝堂显宦和沙场名将。中国传统“二十四孝”中的舜、闵子骞，大半生在濮阳度过的子路，以及以其孝行成为地名的张清丰（清丰县以其命名），忠臣义士如汲黯、南霁云、魏允贞，豪侠之士如荆轲，还有政治家吕不韦、科学家僧一行、文学家宫天挺，等等，不胜枚举。北宋时期，濮阳是首都汴京的门户，号称“北辅”“北门锁钥”“河朔保障”，经济、文化十分发达。北宋至清，这里名宦云集，出现了“晁半朝”“八都三尚书”等名门望族，人文盛况空前。

中华百家姓中，张、孙、濮、顾、韦等十多个姓源于濮阳。濮阳的风味小吃、民间工艺、风俗民情独具特色，王五辈壮馍、“六百居”香肠、麦秆画等和古城的历史一样绵远悠长，特别是杂技艺术，已经成为濮阳对外宣传和交往的一张响当当的名片。

在近现代，濮阳是中国人民同侵略者、共产党领导的人民军队同各种反动势力较量的主战场之一。共和国三位元帅朱德、刘伯承、陈毅都曾在这里战斗过。抗日战争时期，冀鲁豫边区是敌后最大的根据地，清丰县单拐村至今仍保留有中共中央平原分局冀鲁豫军区司令部旧址。历史不会忘记，以濮阳为中心的边区人民在中国共产党领导下进行的可歌可泣的英勇

濮阳龙湖大桥

正月十五挂花灯

张清丰的故事

濮阳金堤河大堤

戚城景区

斗争及所付出的巨大牺牲。遍布市境的革命遗址和遗存，成为今天我们弘扬革命传统、振奋民族精神、建设伟大祖国而值得珍视的历史文化遗产。

【附录】

濮阳建置沿革表

朝　代	古国、州、县名	隶　属	备　注
夏（约前2070—前1600）	昆吾、顾、韦		夏朝的邦国
商（前1600—前1046）			商族先祖相土居帝丘，殷商时为畿内东界
西周（前1046—前771）	东		西周分封
春秋（前770—前476）	卫国		公元前629年，卫成公迁都帝丘
战国（前475—前221）	卫国		诸侯兼并，卫国领土缩小至濮水之北
秦（前221—前206）	濮阳县	东郡	东郡治所
西汉（前206—25）	濮阳县	东郡	东郡治所
东汉（25—220）	濮阳县	东郡	东郡治所
三国·魏（220—265）	濮阳县	东郡	治所迁至廪丘
晋（265—420）	濮阳县	濮阳国	初改东郡为濮阳国，后又改为濮阳郡
隋（581—618）	昆吾县、澶渊县	滑州、汲郡	隋初废东郡，后复置；596年置澶渊县，属汲郡
唐（618—907）	濮阳县	濮州	742年曾改濮州为濮阳郡
五代（907—960）	濮阳县	澶州	治所在今濮阳县城地

续表

朝代	古国、州、县名	隶属	备注
北宋（960—1127）	濮阳县	澶州	1106年升为开德府
金（1115—1234）	濮阳县	开州	1144年改澶州为开州
元（1206—1368）	开州	大名路	濮阳县为开州属地
明（1368—1644）	开州	大名府	州治濮阳县
清（1616—1911）	开州	大名府	开州不再领县
民国（1912—1949）	濮阳县	河北省	1936年濮阳设专员公署
中华人民共和国（1949—　）	濮阳专区	平原省	
	濮阳专区	河南省	1954年撤销濮阳专区，所辖县隶属安阳地区
	濮阳市		1983年撤销安阳地区，成立濮阳市

• 石化工业引领经济腾飞 •

濮阳是一座历史文化名城，更是一座朝气蓬勃的新兴石油化工城市。自1983年建市以来，在中共濮阳市委、市政府领导下，勤劳智慧的濮阳人民奋力拼搏，在建设美丽家园的同时，以油气资源为依托，逐步实现由农业经济为主向工业化、现代化的伟大转折。

濮阳这片沃土古老而神奇，地下蕴藏着丰富的矿产资源，现已探明主要矿藏有石油、天然气、煤、盐、铁、铝。尤

濮水公园

濮水小镇

其是石油，远景储量10多亿吨，天然气近3 000亿立方米，煤800多亿吨，是国家特大型企业——中原油田的开发腹地和国家重要的石油化工基地。作为新兴石油化工城市，濮阳立足资源优势，围绕油气综合利用，建成了年产18万吨乙烯和年产52万吨尿素、60万吨复合肥的中原大化等国家级和省级大型企业和一批地方工业项目。通过组织实施“以工兴市”战略，初步形成石油化工、精细化工、特种玻璃、塑料编织、木材加工、羽绒加工、农产品加工、装饰建材和针纺制品九大支柱产业和产业集群，培育了一批产值超亿元、利税超千万元的“双超”型企业。目前，中原乙烯、林纸一体化、煤化工、大型热电机组、燃气发电、炼油扩建等大型项目正在加紧建设。

濮阳占据三省交会的特殊区位，承东启西，连接南北，交通便利。三十多年来，濮阳市的交通状况不断改善，基本实

承载石油人记忆的文化宫

水秀国际大剧院

现了村村通柏油路。大广高速、106国道纵贯南北，濮鹤高速西连京港澳高速，京九铁路、东西大动脉长泰铁路穿境而过，特别是2020年即将建成的郑濮济高铁给濮阳经济插上了腾飞的翅膀。2011年，国务院颁布了《国务院关于支持河南省加快建设中原经济区的指导意见》，濮阳乘势而上，在濮阳市六次党代会报告中确立了牢牢把握建立石油化工、煤化工、盐化工“三化”融合链接示范区，中原经济区重要出海通道，中原经济区与环渤海经济圈衔接融合的前沿，省际交会区域性中心城市的战略定位，在未来的五年内建成“三农”示范区，中华文明发展科学化、传播国际化、开发产业化的核心区，“工业化”“城镇化”“农业现代化”发展高效提升区，生态文明建设示范区，人口与发展均衡高效示范区，并着力打造区位新优势，加强综合交通体系建设，发挥濮阳地处三省交会处的地理优势，发挥中原经济区与环渤海经济圈衔接融合的前沿效应，发挥濮阳距离出海港口较近的独特优势。加快构建高效便捷的现代综合交通体系和安全可靠的信息服务体系，将濮阳建设成为省际交会综合交通枢纽、重要的能源物流中心，实现中原经济区与环渤海经济圈，山东沿海发达地区交通、能源等基础设施的全面对接，为承接产业转移和加快区域经济一体化提供强力支撑。

濮阳不仅是历史文化名城，还是“国家卫生城市”“国家园林城市”“全国文明城市创建工作先进城市”“中国优秀旅游城市”，并荣获“中国人居环境范例奖”等多项桂冠。来到这里，人们在品味5 000年光辉灿烂的历史文化大餐的同时，还能领略这座北方平原城市的靓丽风采。龙乡濮阳正张开双臂笑迎四海宾朋。

要事回放

——治河、战争及其他

翻开中国地图，濮阳就像一个昂首阔步的巨人，他从远古走来，风尘仆仆，魁梧的身影写满沧桑。治河和战争，黄土地上生存斗争的两个乐章，构成了濮阳历史人文的雄浑交响曲。

颛顼改革原始宗教

颛顼是传说中上古“五帝”之一，其事迹最早见于史书《左传》，他的主要功德是对社会体制进行了大胆的改革。

五帝时代处于我国原始社会的晚期，那时的人们对种种自然现象没有科学的认识，总认为有一种人格化的力量在操纵着万物，这就是后来所说的“神灵”。于是，对天地神灵进行祭祀以求得福佑就成了部落的大事。在颛顼以前，家家祭祀，人人都从自己的需要出发求神帮助，给人的思想和社会秩序造成了混乱。颛顼作为部落首领，对这种局面进行了大刀阔斧的整治：首先，改变黄帝以来以古代各族图腾崇拜物来命名官职的方法，用身边日常生产、生活事物来命名官职；其次，“命南正重司天以属神，命火正黎司地以属民”，即设置专管祭祀和专管农业生产的职官，使他们互不干涉。以后，只有专职的巫师才能与天对话，传达天的旨意。这就是神话中所说的“绝地天通”，意思是隔断了天地间的通道。古书上还说，颛顼很有谋略，他观天象制定历法，使农业生产有了很大发展。这就是说，他的宗教改革是和“观天象”“治历法”相联系的。颛顼实为我国原始时代颇有作为的一位人文先祖。中国现代著名史学家徐旭生认为，黄帝时代，分散的诸多部落渐渐合并成若干大部落，这是中国古史上第一个巨大变化。

到了颛顼时代，贫富分化严重，劳心和劳力开始分工。颛顼顺应时代要求，对社会体制进行了改革，将“司天”与

绝地天通

“司地”分开，有人专管社会秩序一部分的事，有人专管为人民求福免祸一部分的事。在这个时候，我国农业已经相当发达，农民对于季节规定有迫切的要求，而职业宗教人员因为要按季节祭祀神祇，就不能不对一年中季节的变化进行观测，加以规定；并且他们有闲暇，不像从前的巫觋由生事繁忙的农人或牧人兼办，他们可以对宇宙间的现象作一种静穆的观察。这样就促进了中国古代天文学的发展。后代一谈到历法的制定，总要追溯到“重”和“黎”不是没有道理的，颛顼这一次关于宗教的改革对将来的社会产生了很大影响，实为我国古史上第二个巨大变化。

颛顼的宗教改革对中华民族从蒙昧走向文明做出了重大贡献。史书记载，卫国是颛顼生活过的地方，在过去是帝丘。帝丘是春秋时期卫国第三次迁徙后所定国都，而卫国的中心区域即今河南濮阳。颛顼及其部落在帝丘完成了“绝地天通”这一变革社会的伟大工程。

• 昆吾铸鼎 •

昆吾是一个古老的部族，史书记载，昆吾人擅长制作陶器，后来又制作铜器，昆吾之刀相传可以切玉。一直到周代，还把做铜器的官叫作昆吾。由于昆吾部族手工业发达，到夏代发展成为大国。古昆吾

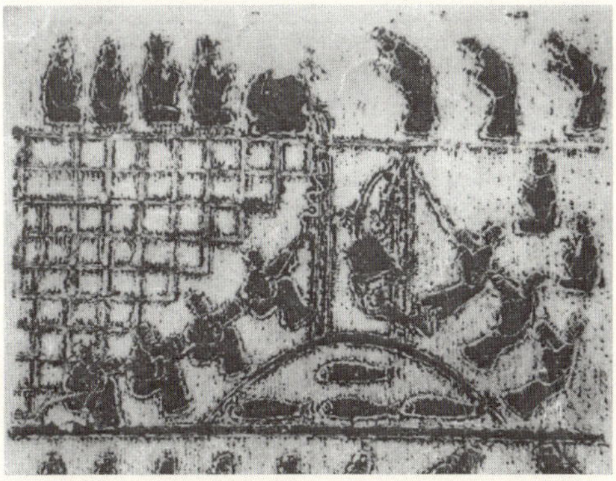

泗水捞鼎（山东嘉祥画像石）

国即在今天的濮阳一带。昆吾文化到蜚廉时达到了相当繁荣的程度。夏王朝建立后所进行的一项重要工作就是铸造象征王权的青铜礼器——鼎。昆吾部族承担了这一艰巨任务。为了选择铜矿，昆吾部族的工匠们沐风雨，冒寒暑，跋山涉水，历尽千辛万苦。动工前，昆吾部族举行了隆重的占卜祭祀仪式。铸成的九只鼎上镌刻着夏朝各方国的名称、位置，以及九州山川美景、神灵怪异之物。历史典籍上称之为“贡金九牧，铸鼎象物”。九鼎的铸成，标志着中原地区已进入以建立国家为标志

的文明时代。

九鼎经过夏、商、周三代相传，到秦昭王时其中一只失落泗水，前后约1 800年。文献中记载了“成王定鼎”“楚子问鼎”“秦齐求鼎”“九鼎护国”“泗水捞鼎”等故事。“泗水捞鼎”还成为汉代画像砖艺术作品的题材。

• 卫迁帝丘 •

卫国是西周初年分封的姬姓大国之一。周公平管、蔡之乱后，把殷商七族分封给周武王同母少弟康叔，封地在今以淇县为中心的广大地区。之后，周成王封康叔为司寇，并赐给他王室用于祭祀的青铜宝器，以表彰他的功德。卫武公时，犬戎部族杀周幽王，卫武公带兵辅佐周平王东迁洛邑有功，被提升爵位为公。平王东迁，王室衰微不振。蛮夷戎狄入侵中原，他们游弋无定处，到处劫掠烧杀。卫懿公好鹤失国，为狄人所杀，卫戴公即位后开始了卫国国都迁徙的历程。他带领流亡族人在曹地（今安阳滑县旧县城东）避难，可惜当年就死了。齐桓公率诸侯伐狄，并为卫国建立国都楚丘（今安阳滑县东），立戴公弟燬为君，史称卫文公。文公励精图治，在位25年。文公死后，其子卫成公继位。成公六年（前629）冬，狄人围攻卫国，卫将国都迁到了帝丘（今濮阳县东南）。卫在帝丘立18代388年。卫迁都帝丘后，西有黄河天险阻隔，结束了屡受狄人侵扰、不断迁徙的历史，进入卫国历史上最为强盛的时期。郑卫文化作为地域文化兴起的代表载入史册。在春秋诸侯中，卫国立国长达800年，是最后灭亡的诸侯国，迁都帝丘发挥了重要的作用。

卫懿公好鹤

• 城濮之战 •

春秋时期，卫国迁都帝丘后，西隔黄河与晋国相望，东、南与齐、鲁、宋、郑四国毗邻。在诸侯争霸的环境中，卫国受到来自晋、齐、楚三面的压力，经常成为诸侯争夺的战场。晋楚城濮之战即著名的战役之一。

楚国自文王始到成王即位，国势渐强，形成与齐、晋、秦鼎立之势。成王时，楚国和陈、蔡、郑、许、鲁、曹、卫等国为盟国，晋国和齐国、宋国为盟国。公元前633年，楚国攻打齐国和宋国。次年晋起兵伐曹、卫以解齐、宋之围。

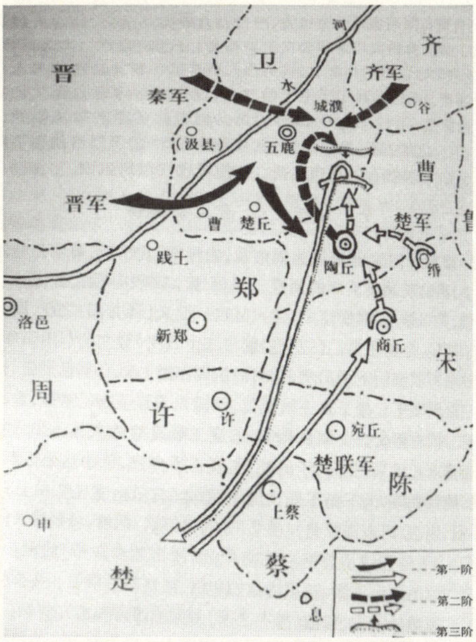

晋楚城濮之战示意图

晋军攻曹国死伤很多，曹人将晋军士兵的尸体放在城上。晋文公害怕会动摇军心，就扬言要挖曹人的祖坟，曹人害怕，就将尸体装棺送出城外。这时，宋人继续告急，晋文公为了获得齐、秦两国的支持，尽快结束战争，采用部下的计策，将攻占的曹、卫两国的土地给宋，然后让宋国把这些土地送给齐国、秦国，并恳求齐、秦两国向楚国求情。楚王同意了齐、秦的请求，命大将子玉从宋撤军。大将子玉不听，坚持请战。楚王发怒，只分少部分军队给子玉，听其自便。子玉要求晋国退还卫国、曹国的土地，让他们复国，不然就不从宋国撤兵。晋文公一面暗中允许曹、卫复国，以离间曹、卫与楚的联合；一面拘留楚国使者，以激怒楚军。果然，曹、卫两国与楚国绝交。子玉大怒，起兵攻晋，晋军后退，晋文公履行当年流亡在楚国时向楚王所做的承诺，退避三舍（三十里为一舍）。子玉继续进兵，晋、宋、齐、秦驻军城濮（今范县南）。公元前632年，双方正式在城濮决战，晋军采用疑兵之计。楚大将子玉孤军深入，结果战败。在回国的路上，楚王派人对子玉说："你若回国，有什么面目见家乡父老？"于是子玉自杀。

晋文公听到这一消息，高兴地说："子玉既死，就没有后患了。"之后，晋军在践土（今新乡原阳县西南）请周天子来会，并与郑国结盟（郑国原先为楚国的盟国）。周王到会，晋国向周王举行了献俘礼。周王策命晋文公为侯伯（诸侯之长），赐给他车马、服饰、弓箭等物品和勇士三百人；又下诏称晋文公为叔父，要他服从天子的命令，安抚四方诸侯，惩治不朝者。晋文公辞谢三次才接受。

践土之盟是继葵丘之盟之后又一次盛大的诸侯会盟，晋文公成为春秋时期第二个霸主。

• 戚城会盟 •

卫国于成公六年（前629）迁都帝丘后，经过几代国君的经营，凭借优越的地理位置，国力得到了很大发展。同时，在诸侯争霸的社会环境下，卫国作为濒临黄河东岸的国家，成为黄河西岸晋国控制东方齐、鲁等国的跳板。春秋时期的许多著名战役都发生在这一地区。以解决政治、军事争端为目的的会盟也频繁地在卫国举行。戚城位于黄河东岸，是隶属卫国的一个面积14.4万平方米的小城。从公元前626年到公元前531年的近一个世纪内，诸侯国在卫会盟15次，其中在戚城就有7次。会盟的国家或卿大夫最少两个，最多达15个。会盟的议题有解决土地争端、背盟与续盟、决定有关战争事宜等。历次会盟情况如下：

鲁文公元年（前626）秋，晋国主持划定戚城的疆界。为此，鲁国的公孙敖会晋侯于戚，解决晋侯占领戚城土地之事。

鲁成公十五年（前576）三月，鲁成公会晋侯、卫侯、郑伯、曹伯、宋世子成、齐国佐和邾人于戚，为曹成公杀其长兄（太子）自立而讨伐曹国。

鲁襄公二年（前571）七月，鲁国大夫仲孙蔑会晋、宋、卫等八国于戚，以威慑齐国。

鲁襄公五年秋，鲁襄公会晋侯、宋公、陈侯等十三国公侯于戚，研究决定援助陈国抵抗楚国入侵之事。

鲁襄公十四年冬，鲁国季孙宿会晋、

宋、卫等六国于戚，以解决卫国大夫孙林父据戚反叛卫国之事。

鲁昭公十一年（前531）五月，单成公会韩宣子于戚，代表周景王向诸侯宣布命令，解决楚国侵略蔡国、晋国联合诸侯援助之事。

会盟虽然没有从根本上解决诸侯争霸的问题，但在春秋末年国家分裂、战乱频仍的状态下，对促进东西、南北文化交流，保持社会相对稳定，无疑起到了积极的作用。

• 孔子在卫 •

周平王东迁洛邑后，势力日渐衰微，诸侯争霸，战乱频仍。孔子以恢复周礼、复兴周室为己任，开始了他的政治实践。然而残酷的社会现实使他的第一次举措——拆除鲁国三家大夫不合规制的城邑（史称“堕三都”）就失败了。但是他认为自己终会有用武之地，于是在公元前496年离开父母之邦，带领弟子开始了“周游列国”的政治生涯。鲁国和卫国同为周初分封的姬姓大国，不仅国土相毗邻，而且孔子的许多著名弟子都是卫国人，所以在孔子看来，卫国是推行他政治理想最为适宜的地方。据专家考证，孔子在“周游列国”的14年中有10年是在卫国度过的。孔子的后半生和卫国结下了不解之缘，许多故事被传为佳话。

孔子在卫

孔子到卫国后，卫灵公在国都郊外以隆重的礼节迎接。虽然对孔子的主张不感兴趣，但为得到尊贤之名，卫灵公仍给了孔子在鲁国一样的待遇。孔子看到卫灵公并无诚意，而且被猜忌，便离开了卫国去陈国。孔子师徒羁旅十分艰难，在匡地被围五天，又被卫国叛臣公孙戌要挟，只好再次回到卫国。卫灵公获悉孔子归来十分高兴，又亲自出城隆重迎接。这一次，孔子在卫结交了许多贤大夫，与贤人蘧伯玉的交往传为佳话。卫灵公深感国家亟须增强军事力量，以抵御大国的入侵和挟持，便向孔子请教率军布阵之事，但孔子是十分厌恶战争的，当即拒绝了他。卫灵公又想在国人面前表现出尊贤的样子，便让孔子与他及夫人南子招摇过市，孔子虽然依“礼”行之，但心里却十分厌恶。晋国中行氏邀请孔子到晋国，但孔子认为中行氏作为大夫有许多行为不合乎周礼，所以断然拒绝了他。

孔子常常对自己的政治主张不能推行感到失望，但坚持交友有道，乱邦不居。在卫国的最后五年，他收徒讲学，传道授业，弟子盈门。在与弟子们坐而论道中，孔子对自己的理论与政治实践进行了深入总结。当他见到弟子子路任蒲地（今新乡市长垣县）邑宰三年政绩卓著时，给予其很高评价。齐国发兵攻打鲁国，众弟子纷纷要求解救父母之邦。孔子便派子贡出使齐、吴、越、晋，结果不仅存鲁亡齐，而且开创了强晋、霸越、亡吴的新的政治格局，充分表现了孔子驾驭复杂局面的外交才能。

孔子在卫国期间，许多古代典籍得到了整理，如他自己曾说：“吾自卫返鲁，雅、颂各得其所。”儒家学说也逐渐走向成熟。

• 铁丘之战 •

铁丘在《左传》中称“铁”。今濮阳市高新技术开发区有铁丘村，即古“铁”地。铁丘之战发生在晋定公十八年（前493），交战的双方为晋国和郑国。《春秋》和《左传》对这次战役都有记载。

战争是由于郑国子姚、子般押送齐国送给晋国中行氏、范氏的粮食而引起的。赵鞅是晋国大夫，实权在握，因迁卫国百姓于晋阳，和邯郸赵午发生矛盾，并杀死了赵午。赵午的舅族中行氏，以及和中行氏有姻亲关系的范氏遂联合进攻赵鞅。晋

东周阵亡士卒排葬坑

定公派兵讨伐中行氏、范氏，中行寅、范吉逃到朝歌。

公元前493年八月，齐国送粮食给中行氏、范氏，由郑国的子姚、子般押送。赵鞅闻讯，欲报被攻之仇，便组织力量袭击运粮车队。赵鞅由卫太子蒯聩支持，陈兵铁丘与郑人大战。赵鞅被射中肩膀，军心几乎动摇，伤亡惨重，但卫太子蒯聩奋勇争先，将郑军击败。铁丘之战是春秋史上以少胜多的典型范例，也是春秋史上一次较有影响的著名战役。

1987年，考古工作者在距铁丘遗址南1.5公里的西水坡遗址东周文化层发现了规模宏大的阵亡士卒排葬坑，经考证可能是该次战役的遗迹。

• 马陵之战 •

齐威王十五年（前342），魏国进攻韩国，韩国向齐国求救。第二年，齐国以田忌为大将、孙膑为军师，起兵救韩。孙膑采用过去“围魏救赵”的战略，不去直接救韩，而是首先攻魏。魏将庞涓被迫放弃攻韩，赶回迎战。孙膑认为魏军素来剽悍勇猛，轻视齐军，决定利用魏军这种心理诱敌取胜。于是齐军假装怯战，向后退却，并采取逐日减灶的方法，造成逃跑的假象，迷惑敌人，诱其追击。庞涓追击齐军，发现齐军扎过营的地方，三天中间炉灶减少了一大半，认为齐军已逃亡过半，非常高兴。孙膑估计庞涓晚上可能追赶到马陵（今范县西南）险要地段，便就此设下埋伏，并在道旁树上写下“庞涓死于此树下”几个字，命伏兵看到火光就一齐放箭出击。庞涓果然在晚上进入马陵道，见树上有字，举火观看，还未看完，齐军万弩齐发，箭如雨下。十万魏军全部被歼，魏将庞涓被迫自杀，魏太子申也被俘杀，齐军大获全胜。从此，孙膑名显天下，他的兵法也历代相传。

• 曹操、吕布濮阳之战 •

汉献帝初平二年（191）秋，曹操进入东郡（治今濮阳西南），驻兵顿丘（治今清丰县西南），并被任命为东郡太守。在连续击败向东郡进发的两支农民起义军后，曹操的势力更加强大，自称兖州牧。之后，曹操又击败公孙瓒、袁术，并征讨徐州牧陶谦。这时，曹军留守张邈、吕布反叛，攻占兖州，占领濮阳。曹操不得不撤兵平叛。

兴平元年（194）八月，曹操进攻濮阳，吕布出兵迎战。曹操出师不利被击败。此后几次交锋均遭到挫败。濮阳城中有大户田氏向曹操诈降，曹操不知是计，进入濮阳城，结果被围。在北门，吕布引兵冲杀过来，迎面碰见曹操，却不认得他，问道：“曹操何在？”曹操连忙回答：“骑黄马者是也。”以此免于被俘，被大将典韦从东门救走。然后，曹操将计就计，诈称身亡，全军挂孝发丧，四周埋有伏兵。吕布果然中计被围，死伤甚众，只得逃回濮阳城中。这一年秋天，蝗灾突起，粮饷断绝，百姓相食，双方只好罢兵。

央视网

战濮阳

第二年春，曹操重整旗鼓，收复兖州，接着攻克定陶、巨野，直奔濮阳而来。吕布出城迎战，曹操大将许褚、典韦、李典、乐进等六人共战吕布。吕布被打败，欲退回城中。不料田氏恨吕布暴虐而投降曹操，大门被关闭。吕布只好向东南逃去，投靠刘备。曹操尽占兖州东郡后被朝廷正式任命为兖州牧。

濮阳之战的胜利为曹操势力的壮大奠定了重要基础。

• 汉武帝治河 •

古书所记载的第一次黄河决口改道发生于东周时期。西汉以后，河道变迁有了较多的记载。当时黄河下游普遍修筑堤防以堵洪水，结果泥沙越积越多，大堤越修越高，形成地上河，决溢泛滥次数逐渐增多。其中破坏程度较大的一次要算武帝元光三年（前132）的濮阳瓠子河决。

元光三年夏天，黄河在濮阳瓠子一带决口，河水南漫，注巨野，侵夺淮水和泗水，淹没十六郡。武帝派汲黯、郑当时组织人力堵塞决口，屡堵屡坏，水患长及二十余年。元封二年（前109），又派汲仁、郭昌组织士卒数万人到瓠子堵决。武帝封禅泰山回长安路过濮阳，亲临瓠子决口，将自己的白马玉璧沉入河中，以祀河神，并命随从大将军以下皆负薪塞河堤。

瓠子堤遗址

最终瓠子决口被堵塞成功，导河水北流，分为两股，复故道，而梁、楚之地不复有水害。工程完毕后，在新修筑的黄河堤上建立了一座宫殿，命名为宣房宫。武帝作诗《瓠子》两首以抒怀：

其一（译文）

黄河在瓠子决口呵，人将奈何？浩浩荡荡的大水呵，使村村巷巷都成了一片泽国！都成了泽国呵，大地不得安宁；塞河堵水永无休止呵，鱼山的山冈已被挖平。山冈已被挖平呵，巨野泽仍是水满外溢；鱼虾到处游荡呵，时节已迫近冬季。堤岸被毁河水远离正道呵，蛟龙驰骋肆意横行不归。让河水回到旧道上去吧，神的力量不是很伟大么？如果不是出来封禅，我怎么知道外边的这些伤心事！你们替我质问黄河水神，问他为什么如此不仁？由于你的河水泛滥不止，给我的百姓造成如此的痛苦艰辛！啮桑整个被淹，淮水泗水连成汪洋一片；河水长期不归旧道，堤岸的作用一概全抛。

其二（译文）

河水浩荡澎湃汹涌，难以横渡又难以疏通。持长茭美玉以祭河神，河神像是应允，但又缺了堵塞决口使用的柴薪。这都是卫人平常生活的过错，他们烧掉了塞河使用的柴薪。砍掉淇园的竹子编成竹笼去堵水吧，只要堵住决口就一切都会好起来。

从此以后，各地主管官员都十分注重兴修水利，纷纷修堤开渠，引水灌溉，上万顷农田受益，处处五谷丰登，西汉国力得到大大增强。

《史记》的作者司马迁曾跟随武帝负薪塞河，有感于《瓠子》诗而写了《河渠书》一篇。

• 王景治河 •

西汉末年，黄河在濮阳决口，汴渠（位于荥阳西南）被冲毁，水患持续数十年。河南北部、东南部，山东西部，安徽西北部受灾严重，百姓流离失所。东汉明帝永平十二年（69）夏，朝廷着手对汴渠和黄河进行综合治理。工程由王景与王吴共同主持。

王景是东汉光武帝后期和明帝初期司空属官，博览群书，尤其对治理河患有深入的研究，深得朝廷信任。王景调集数十万人的力量，一方面勘测地势，修筑从郑州荥阳经濮阳城南到渤海千乘的千余里黄河大堤；另一方面又整治了汴渠渠道，新建了汴渠水门，使河、汴分流，消除了自西汉平帝以来河、汴决口，汴渠东侵之害。整个工程历时一年，耗资巨大，最后顺利完成。

王景治理后的黄河河道，从荥阳穿过东郡、济阳郡北部、济北平原，最后由千乘入海。由于河道流经西汉故道与泰山北麓的低地，距海较近，地形低下，行水较畅利。自此到唐朝的800余年间，黄河决溢明显减少，出现了一个相对安流的时期。黄河下游泽国又变成可以耕种的良田，人民又可以安居乐业了。王景治河所采取的“十里立一水门”的措施，也成为多沙河流取水的一项重要技术发明。

• 五代梁唐濮阳之战 •

唐朝灭亡后，中国出现了五代十国的分裂局面。北方先后出现了两个短暂的王朝：在黄巢农民起义中叛变的朱全忠于907年建立的后梁和原唐河东节度使、晋王李克用之子李存勖于923年建立的后唐。后梁建都开封后处在三面受敌的局面之下：北有河东李克用父子及幽州刘仁恭父子两大割据势力；南有淮南杨得密割据势力；西有岐王李茂贞割据势力。百姓疲于征发劳役，阶级矛盾十分尖锐。

梁末朱友贞即位后，为削弱大将魏博的势力，把他所辖澶州分出，引起内部骚乱。李存勖乘机发兵南侵，拉开了梁、唐之间大小百余战的序幕。梁贞明四年（918），梁军又发生内讧，李存勖乘机率十万大军大举进攻。双方在胡柳坡（今濮阳西）摆开数十里长阵，相互击杀，梁将王彦章败走。晋将李存审乘胜追击至澶州德胜渡口，在黄河得胜渡夹河筑南北两城名为“夹寨”，河南为德胜南城，河北为德胜北城（今天的濮阳老城就是北宋以来在德胜北城基础上建立的），中间架有浮桥。梁唐之战一直延续到923年后梁灭亡，后唐建立。

• 澶渊之盟 •

北宋时期，北方党项人、契丹人和女真人等少数民族建立的政权走向强大，与中原汉族政权战事不断。辽宋澶州之战就是中国历史上较有影响的战役。

宋真宗景德元年（1004），辽圣宗和萧太后以统军使兰陵郡王萧挞览、奚六郡大王萧观音努为先锋，率二十万大军南下。宋朝君臣惊慌失措，有的大臣主张迁都南逃。在宰相寇凖的力劝下，真宗不得已御驾亲征。当时的形势是辽兵虽号称二十万，但孤军深入，粮饷靠掠夺，所过城市，只攻下两城，其余诸州皆在宋兵坚守之中，宋随时可以出击，截断辽的后路。陆续集结在澶州（治今濮阳县）附近的宋军达数十万，士气旺盛。然而真宗到达德胜南城，不敢渡河到北城前线。诸大臣贪生怕死，也不敢过河。寇凖与大将高琼力争，真宗被迫过河登上北城门楼，军情一时振奋不已，踊跃欢呼，声闻数十里。契丹兵十分恐惧，不能成列，宋军乘势痛击辽兵。后双方相持十余日，辽大将萧挞览被宋弓弩手射杀，辽兵不得已退却，并派使臣求和。这正合真宗的厌战心理。一些胆小如鼠的大臣也在真宗周围大肆散布投降主义论调，并攻击寇凖拥兵自重。宋真宗怯懦而听信谗言，最后竟然对辽国妥协订立屈辱之盟，盟约规定：宋每年向辽进贡绢二十万匹，银十万两。因澶州这一地名来源于先秦地名“澶渊”，诸侯曾在这一带会盟多次，文人史家以此称宋辽之盟为“澶渊之盟”。

对赵宋政权来讲，“澶渊之盟”是一个战胜之后的屈辱之盟，但中原毕竟太需要和平了。实际上，在“澶渊之盟”之后的70多年中，双方使节书信来往不断，宋辽虽小有冲突，但双方的经济文化交流获得了很大的发展。澶渊之盟促进了中华民族的大融合，使北宋时期成为中华文化进步的重要时期。在今天的濮阳老城，仍保留有当年的澶州城遗址和“澶渊之盟”的物证——回銮碑。

澶渊之盟

高超治河

宋仁宗庆历年间（1041—1048），黄河在大名府商胡（今属濮阳市华龙区）一带决口，此后很长一段时间内，决口未能堵塞。盐铁副使郭申锡奉命堵塞商胡决口。当时塞决常法是从决口两端渐次堵塞，待决口宽度剩下60步时，用60步长的大埽一次堵塞完工，叫作“合龙门”。“合龙门”是塞河决的关键一步。当时60步决口流势正猛，河水向外迅泻不止，下放60步长埽很困难。这时有一位叫高超的水工，向主持官建议说，60步埽太长，难以用人力压住，承受不住水流的巨大冲力，不如将60步埽改为三节，每节20步，逐节下埽。高超的建议遭到了许多老河工和郭申锡的反对，高超解释说：“三节埽虽短，但逐节下埽，水对埽的冲击减为原来的三分之一，人力足可以抵抗。待第一节埽压下稳定后，再下第二节，这时只用原来人力的一半即可完事。待第二节埽稳住后，决口只剩20步，决口两端的人足可从岸上控制施工，不必站在水中承受着水的冲力施工，操作更加主动。第三节安置完毕，前两节早已被浊泥淤固稳定，这时再在埽上压上固堤，跟在平地上施工一样，事半功倍。”判大名府事兼河北安抚使贾昌朝认真听了高超的建议，认为有道理，便暗中派遣数千人到下游，等到60步长埽被冲走后予以拦截。事实果然应验了高超的话。60步长埽刚下水，便被冲走，决口反而加大，黄水漫流更加厉害。因河水久堵无效，朝廷将郭申锡降职，随后采用高超的“三埽合龙门”的办法，一次堵住了商胡决口。

高超只是一介平民，《宋史》未为他立传，只有当时著名科学家沈括在他的著作《梦溪笔谈》中，对这位平民水利专家的智慧和才能做了详细记述。

徐有贞治河

明正统十三年（1448），黄河在新乡八柳树决口，洪水直冲山东寿张、张秋镇。沙湾（明代属山东省阳谷县张秋镇管辖，今属濮阳市台前县）一带运河河道被毁，南北漕运大动脉几乎中断，使京城供给受到了很大影响，朝廷震动，先后派工部侍郎王永和、工部尚书石璞等治理沙湾河道，均失败。景泰三年（1452）、四年黄河又两次冲决沙湾运河，不但使航运完全停止，而且使百姓流离失所。景泰四年十月，明代宗正式任命徐有贞为都察院佥都御史主持治理河决、疏通漕运。

徐有贞到达沙湾后，首先对黄河下游地区的地形水势进行了详细的查勘，最后集思广益，开创性地提出了浚河道、置水门、开支河的治河三策。该方案得到朝廷批准后立即开始实施。徐有贞这次治河，采取了疏、塞、浚并举的办法，耗费物资数以万计，动用河工58 000余人，历时近两年，于景泰六年七月完工。从此山东河患大大减少，漕运畅通。

对于徐有贞的治河三策，特别是广开支河这一项，朝廷中有许多不同意见。为此，徐有贞做了一个很有趣的试验来证明：开数条支河分流比开一条泄洪有效。他做了两个水瓮，一个开一大孔，另一个开五个小孔，并使其总面积与一大孔相同；放满水后同时开孔放水；结果多孔者水先放干。这就是有名的水箱放水试验。这一试验比西方同类试验早了整整400年。

运河河道台前段虽然只有13公里长，但它南承东平湖，北通聊城、临清，是越黄河、跨金堤的关键河段，因此工程竣工具有重要的意义。工程完工后，徐有贞在当地主持修建了大河神祠，并亲自撰文、书丹，祠内立“敕修河道功完之碑”，以志纪念。

• 郑板桥在范县 •

郑板桥（1693—1765），名燮，字克柔，号板桥，江苏兴化人。郑板桥早年家境贫寒，潜心科考，乾隆年间中进士，曾任范县和潍县知县。他愤世嫉俗，不满政治腐败，却勤政爱民。乾隆七年（1742），郑板桥任范县知县，他为官清正廉洁，体恤百姓，被称为一代廉吏，深得范县人民的爱戴，至今当地仍流传着“郑板桥是清官，不爱银子不爱钱”的民谣。郑板桥在范县任职的五年间，使范县“案无留牍，囹圄几空”，呈现一片太平景象。在今天的范县仍流传着许多有关郑板桥的故事。

范县地处三省交界地带，地痞流氓横行，豪绅大族欺压百姓，人们敢怒而不敢言，前任知县对此也是无可奈何。郑板桥到任后开始大力整治当地治安环境。一天，一些不法之徒故意寻衅滋事，将卖粥老汉的粥罐撞破，却说是石头绊倒了老汉，要郑板桥治石头的罪。郑板桥看穿了这伙人的伎俩，设计将他们诱入公堂，大刑伺候。这些不法之徒只好连连求饶，并掏钱赔偿卖粥老汉。百姓无不拍手称快，从此范县的治安好了许多。

郑板桥十分厌恶献媚取宠之徒。有一次，一个府台大人来到范县要乘船水行，命百姓为他拉纤。郑板桥说："这是农忙季节，百姓们没有空，由我来拉吧！"说着就要自己拉纤。府台大人十分尴尬，只好作罢。上司邀郑板桥到济南赴宴，宴会上大家即兴赋诗。他随口便吟："原原本本岂徒然，静里观澜感逝川。流到海边浑是卤，更难人辨识清泉。"对颠倒黑白、混淆是非的官场进行了辛辣嘲讽，举座愕然。

郑板桥对广大百姓却是另一番态度，正如他在《靳秋田索画》中所题："凡吾画兰画竹画石，用以慰天下之劳人，非以供天下之安享人也。"一次，一个学业有成的四川籍优秀书生到范县报名应试，遭到本地考生的排挤。郑板桥为他说情，反被诬蔑为徇私情。无奈，郑板桥在将这名考生除名后，将其收为自己的画徒。

郑板桥升堂审案公正无私，但悲天悯人，有时依情宽大为怀。有一对青年男女非常相爱，却遭到家人反对，无奈之下两人一个做了和尚，一个做了尼姑。两人因旧情不断，被一些好事之徒送到县衙。郑板桥很是同情他们，令他们还俗，并以诗歌形式写下判词以为婚证："从今入定风规寂，此后敲门月影遥。鸟性悦时空即色，莲花落处静偏娇。是谁勾却风流案，记取当堂郑板桥。"此事成全了一桩美好姻缘，传为佳话。

为纪念郑板桥，当地政府在范县辛庄乡毛楼村建立了郑板桥纪念馆——"三绝堂"。纪念馆面对黄河，绿树成荫，风景宜人。

• 盐民暴动 •

历史上的黄河下游平原是一个既有肥田沃土，又有盐碱沙荒的地区。生活在这里的人，有一部分是靠从土地上刮盐来营生的，这部分人被称为“盐民”。冀鲁豫边区中心的濮阳地区是盐民的重要聚集地。他们依靠晒盐、制盐、烫硝谋生，生活虽然清苦，但亦能维持生计。民国初年，北京政府为了实行海盐专卖，成立了盐务署，还在产盐区设立了被称为“盐巡”的盐务缉私马队。到1930年，派到濮阳县的盐务缉私马队已有40余人，他们捣盐池、砸盐锅、抓盐民，破坏了盐民的生活门路，激起了盐民的强烈不满。盐民自发地组织起“晒盐会”，准备同盐巡作生死斗争。中共濮阳县委在得到消息后，做出决定，建立党领导的盐民组织——“濮阳民生盐会”，展开革命斗争。1932年春，以濮阳城内西水坡、城西北硝河坡、城南澶州等盐民集中的地方为核心，南到渠村，西到硝河两岸，连同内黄县盐碱十八村，长达140里地带的盐民相继被发动组织起来。在这种形势下，濮阳县委决定尽快组织盐民进城，并成立了以高克林、王从吾、刘晏春为主要负责人的盐民斗争指挥部，一次有组织的驱逐盐巡的斗争拉开序幕。5月15日，3 000余名盐民在指挥部的指挥下进入濮阳县城，包围、捣毁盐巡局，上街游行示威，散发《告盐民书》等宣传单，迫使国民党濮阳县政府同意盐巡退出濮阳县，答应盐民提出的“释放被抓盐民，准做、准卖硝盐”等项条件，斗争取得了胜利。之后，滑县、濮县、范县、清丰等周围地区相继发动了不同规模和形式的盐民斗争，盐民会员发展到了8万多人（号称10万盐民大军）。此次濮阳盐民斗争是共产党领导的中原农民运动的伟大壮举，史称“盐民暴动”。

• 冀鲁豫边区党委成立 •

抗日战争时期的冀鲁豫边区根据地，位于大名、临清、济南、徐州、开封、新乡、安阳之间，地处冀、鲁、豫、皖、苏五省的接合部，人口约1 200万。到1945年，又将冀南根据地并入。冀鲁豫抗日根据地，既是我党领导的敌后根据地的一个重要组成部分，又是华北门户和太行、山东两个根据地的钳心地带。

1940年4月18日，中共中央北方局决定在清丰县王什乡成立中共冀鲁豫边区党委，推动这一地区的革命斗争。王从吾任书记，张玺任副书记，下辖4个地委15个县。4月30日，经中共中央北方局批准，由黄克诚、杨得志、张玺、崔田民、信锡华、安法乾、晁哲甫组成军政委员会。1941年，冀鲁豫边区行政公署成立。晁哲甫当选主任，下辖3个专署。

抗日战争期间，英勇的边区军民，粉碎了日伪军的多次“扫荡”，打退了国民党顽固派的猖狂进攻，战胜了历史上罕见的旱、涝、蝗等自然灾害。不论敌人如何凶残，生活多么艰苦，全区军民始终英勇顽强，坚定不移，使边区成为联系华中、华东、太行和大后方延安的重要纽带。

1945年9月，陈毅同志路过濮阳，即兴赋诗《秋过濮阳，月下与人谈毛主席飞渝事》：“我行未已过濮阳，驻马凭吊古战场。能掷孤注寇莱好，退避三舍晋文强。应知政事先军旅，岂有筑室谋道旁？夜坐对月秋萧瑟，白杨千株放光芒。”表达了陈毅同志的革命英雄主义豪情。

解放战争时期，冀鲁豫边区是晋冀鲁豫野战军、华东野战军同国民党反动军队反复较量的主战场。刘伯承、邓小平等曾经在这里组织指挥过多次具有深远影响的战役，是千里跃进大别山、实施解放战争战略反攻的起点。为了支援战争，从1946年8月至1948年8月，整个冀鲁豫地区就动用了支前民工6 517万多人次，畜力658万多头，几乎所有的民众都在为战争贡献力量，对历次战役的胜利起到了很大作用。邓小平同志在中华人民共和国成立后曾深情地说：“冀鲁豫是个好战场，我军到哪里都有翻身群众支援，到哪里都有粮食吃。我军取得的胜利是和边区人民的支援分不开的。”

• 八公桥军事会议 •

1946年6月26日，国民党反动军队大举围攻中原解放区，发动了全国规模的内战。他们以主要的铁路干线为轴线，由南向北进攻，夺取和控制各解放区的城市和交通线，企图将黄河以南人民解放军主力逐步挤压到黄河以北，然后聚歼于华北地区。人民解放军开始了英勇的内线自卫反击战。中共晋冀鲁豫中央局和晋冀鲁豫军区遵照中央军委指示，由刘伯承司令员、邓小平政委组成野战军指挥部，率三、六纵队，连同原在冀鲁豫区作战之第七纵队和冀鲁豫军区部队共4万余人，执行豫东方向的作战任务。7月底，刘、邓在濮阳八公桥召开由纵队和冀鲁豫军区负责人参加的军事会议，决定向敌守备薄弱的陇海路汴徐段出击，对整个作战计划进行了全面部署。

从1946年8月到1947年5月，刘、邓率领的晋冀鲁豫野战军，以冀鲁豫根据地为后方基地，先后发动了数次规模较大的战役，歼灭敌人有生力量16万人，打乱了敌人的整个作战部署，消灭了其进攻解放区的嚣张气焰，配合了全国各战场我军的反击战，为随后的东渡黄河揭开战略进攻的序幕奠定了坚实的基础。因此，八公桥的这次会议具有重要的意义。

• 刘邓大军渡黄河 •

1947年，人民解放战争进入了第二个年头。为了彻底摧毁美蒋的重点进攻，展开战略反攻，中共中央命令刘邓大军挺进中原。解放军晋冀鲁豫野战军一、二、三、六四个纵队十万大军，在司令员刘伯承、政委邓小平的率领下，于同年6月30日夜，在东阿至濮城横亘150公里的地段上，采取偷渡与强渡相结合的战术，从孙口、张堂、李桥等渡口强渡黄河，挺进中原，长驱南征，从国民党数十万军队的包围

将军亭

中杀开一条血路，经过20多天的行军和战斗，在8月底胜利到达大别山区，完成了千里跃进的壮举，揭开了人民解放战争转入战略进攻阶段的序幕。

《台前县志》详细记载了刘邓大军渡黄河的全部过程。

当时，野战军渡河中心地点选定在濮县和东阿之间的台前地带。为保障刘邓大军胜利渡河，当年2月，冀鲁豫军区成立了黄河河防指挥部，指挥部设在今台前县境内长刘村，下设7个大队和1个独立营，四大队和独立营驻防军事要地孙口。指挥部成立后，迅速组织沿黄人民造船，在孙口附近筹建了大型的造船厂，军民冒着敌机的空袭和对岸国民党部队的炮击，紧锣密鼓地进行渡河前的准备工作。

当时黄河北岸渡口以孙口为中心，西有濮县李桥、白堽，范县林楼，东有张堂、十里井、万桥（均在今台前县境内）等处。一纵队在东线张堂一带渡河；二纵队在中心地带孙口渡河；六纵队在西线李桥一带渡河；三纵队为预备队，后在孙口、林楼、李桥渡河。东起东阿，西至濮县，全长近150公里的地段就成了刘邓大军实施大规模渡河作战的战场。

6月30日夜12时，指挥部下达渡河命令，二纵先遣部队首先在孙口强渡，水手们从船坞中将隐蔽的船只推出，先遣连的勇士们乘上12艘木船，船头架起机枪，迅速向南岸驶去，不到一刻钟抵达对岸。敌人发觉后，猛烈阻击，此刻北岸解放军炮兵阵地众炮齐鸣，掩护部队过河，一颗颗炮弹飞向彼岸，黄河南岸一片火海。在炮火的掩护下，一船船战士迅速过河，向敌人冲去。解放军先头部队渡河后，又迅速攻破了敌人严密设防的地堡群，为大军南进打通了道路。一夜间，国民党部队精心设防的、自诩足抵40万大军的黄河防务全线崩溃。美国军事顾问团接到战报惊呼："东方的马其诺防线失守了！"美驻华大使司徒雷登也说："中国发生了严重的'六三〇'事件，是惊人的消息。"

大军渡河的第二天，即7月1日下午，刘伯承和邓小平在孙口西北白蜡仝村召开了纵队首长会议。会上刘、邓两位首长下达了实施鲁西南战役的动员令，部署大举出击、经略中原的宏伟战略。这是一次事关全国战局的具有重大历史意义的会议，在这里开始了挺进中原的壮举。

7月4日夜，刘、邓两位首长携野战军机关来到孙口渡口，由黄河司令部司令员曾宪辉和政委郭英护送到河边。"星垂旷野，月涌中流”，在夜色苍茫中船工程文立、程广礼等人从船坞中推出一只“爱国号”平头木船，刘、邓两位首长敏捷地跳上船去，船向河南岸急驶而去。突然两架敌军侦察机沿黄河由西向东飞来，扔下一串照明弹，把河床照得通明。站在船头解开外衣的政委邓小平见敌机临空，笑着对司令员刘伯承说：“敌人怕我们渡船寂寞，特给点亮了‘天灯’。”刘伯承赞同道：“不明修栈道，怎么能暗度陈仓呢！这叫临晋设疑，夏阳渡河嘛！”两位首长谈笑间渡过了黄河。

刘邓大军渡黄河，把战场引向国民党统治区。“这是一个历史的转折点。这是蒋介石的二十年反革命统治由发展到消灭的转折点。这是一百多年以来帝国主义在中国的统治由发展到消灭的转折点。”

• 华东野战军新式整军运动 •

1948年初，解放战争已进入第三年，人民解放军打退了蒋介石百万军队的进攻，由战略防御转入了战略进攻，由内线作战转向外线作战。

当年2月至5月，陈毅、粟裕率领华东野战军（以下简称华野）机关和一、四、六纵队全体指战员奉命到濮阳休整，开展新式整军运动。司令部设在城东孙王庄王家大院，部队分别住在县城内、柳屯镇、清河头乡、岳村、保安集和大桑村等地。

新式整军运动以土改教育为中心、以干部为重点，以团为单位进行。首先普遍开展群众性的诉苦活动，通过引苦、诉苦、挖穷根提高指战员的阶级觉悟；在此基础上进行“三查”，即查阶级、查工作、查斗志；最后再进行“三整”，即整顿组织、整顿思想、整顿作风。华野部队在濮阳以“三查三整”为主要内容的新式整军运动，是一次群众性的思想改造运动，是加强党对军队绝对领导的过程。通过整训，全体指战员的阶级觉悟普遍提高，更加明确了为谁当兵、为谁打仗、为谁服务的问题；部队的整体观念和组织纪律性也大为加强，为进行更大规模的作战奠定了思想基础；共产党的组织和领导在部队中得到进一步加强。在连队班、排组织中调整干部，改选支部，吸收优秀分子入党；实行了民主推荐干部的办法，提拔了大批优秀工农骨干充当基层干部；妥善处理了少数混入军队中的阶级异己分子，净化了党组织，健全了各项制度，巩固了部队。部队整训期间，战士们住在群众家里，铺柴草、睡门板，帮助群众解决困难；而濮阳人民热爱子弟兵，为他们腾房让床；濮阳县委组织群众从几百里外的山东省运送给养给部队；各村房东用当地土产品慰劳战士，体现了老区人民支援革命的赤诚之心。

值得一提的是，华野部队在濮阳整训，本意是为渡长江南进，在南方数省执行宽大机动作战任务做准备的。后来粟裕从战争全局考虑，提出了华野三个纵队仍留在中原作战的建议。中央军委、毛泽东主席对此极为重视，在当面听取了粟裕的汇报后，经过研究，同意了他的建议。5月12日，朱德总司令代表中共中央和中央军委亲临濮阳视察和动员。在一周的时间里，朱总司令分别接见了团以上领导干部，参加了在濮阳县东关原冀鲁豫边区第五中学（华美中学）小礼堂召开的兵团团

【知识链接】

朱德、陈毅赋诗励将士

华东野战军在濮阳整军期间，朱德总司令在濮阳县老城东关冀鲁豫边区第五中学小礼堂曾兴致勃勃赋诗一首《寄南征诸将》：

南征诸将建奇功，胜算全操在掌中。
国贼军心惊落叶，雄师士气胜秋风。
独裁政体沉云黑，解放旌旗满地红。
锦绣河山收拾好，万民尽作主人翁。

5月20日，陈毅读了鲁南军区副司令员郭化若的一首新诗后，联想到朱总司令的《寄南征诸将》诗，激情满怀，写下了《和郭副司令员并呈朱总司令以志其亲临南线之快》：

读罢新诗兴不残，又将远举付深谈。
总戎令下风扫雪，立马吴山更图南。
首夏清和花事残，为讨不庭向江南。
郭郎妙笔留春在，总座新诗气如磐。
战局几回抵掌谈，反复指点计艰难。
北线迩来传屡捷，逐鹿自古在中原。
耻杀无辜得天下，东征西怨万方从。
温温不作惊人语，大度自然是真雄。

以上干部会议，以及在孙王庄西北地柏树林内召开的由干部、战斗英雄、模范及连队代表几千人参加的大会，作了重要指示，给广大指战员以极大鼓舞。在濮阳期间，朱总司令还深入连队视察，了解部队演习的情况，同战士一起研究军事技术。

5月底，华东野战军胜利结束了历时3个月的整训，踏上了同国民党军队决战的战场。

这次新式整军运动为淮海战役的胜利奠定了坚实的基础。

• 中原油田建成 •

中原油田所在地区的石油勘探工作一直可以追溯到中华人民共和国成立初期。从那时起，位于濮阳县户部寨乡境内的濮参一号井所在的东濮凹陷就受到石油地质专家的重视。从20世纪50年代开始，石油工业部和地质部，以及华北石油勘探处等部门就对这一地区不断地进行地质调查和石油勘探，获得了对地质构造特征的深入认识，提出凹陷生成油气理论。1973年开始，河南油田、物探局组织10个勘探作业队，在山东、河南交界的临清凹陷开展工作，进一步提高了资料的准确度和清晰度。1975年新年伊始，在掌握了大量科学依据的情况下，河南石油勘探指挥部抽调精兵强将，对东濮凹陷进行整体解剖。河南石油勘探局2382钻井队在濮阳文留构造东高点上钻探濮参一号井。9月7日，当钻至井深2 607.06米时，井口开始溢出棕黄色原油，紧接着泥浆、流沙携带大量原油从井口喷发而出。油柱喷高5～20米。这次井喷首次突破了东濮凹陷的出油关，从此拉

中原油田发现井

开了东濮地区石油勘探会战的序幕。

1975年10月8日，石油化学工业部决定在濮阳成立东濮石油勘探会战指挥部，隶属胜利油田，1978年10月更名为东濮石油会战指挥部。1979年7月，中原油田的第一个油田——文中油田投入生产，当年生产原油23万吨。

1982年3月31日，经石油部批准，东濮石油会战指挥部更名为中原石油勘探局，负责豫北、豫东、鲁西地区石油天然气的勘探开发工作。从濮参一号井的发现到中原油田的建成，凝聚着石油人的智慧和汗水，凝聚着地方政府和广大群众的支援和友情。至2008年，中原油田累计探明石油地质储量56 333万吨，探明天然气地质储量1 306亿立方米。中原油田的建成为濮阳市、河南省和我国石油工业的发展建设提供了战略物资和资金。

1983年9月，为支援油田勘探开发、发展地方经济，国务院批准成立濮阳市。1985年，在庆祝中原油田建成10周年之际，油田及濮阳市政府为濮参一号井建立纪念碑一座，上书“中原油田发现井”。

名人扫描

——濮上人物撷英

河朔自古多名流。特殊的地理位置，使得四方文脉汇聚濮阳，人才辈出。据统计，见诸史籍的濮阳历史名人有100多个，如著名政治家吕不韦，科学巨匠僧一行，忠孝节义之士柳下惠、闵子骞、荆轲、汲黯，地方名流张公艺等。还有数量众多的大儒名宦、名门望族，如一家中有五人官至三品的唐朝“万石张家”，以张公谨、张遂（僧一行）为代表的张氏家族，以杜暹、杜鸿渐为代表的杜氏家族，以李义琰、李义琛为代表的李氏家族，以晁迥、晁宗悫父子为代表的北宋时号称“晁半朝”的晁氏家族，还有明朝开州“八都三尚书”等。他们功业卓著，载诸史册。

• 人文先祖舜 •

舜

舜是传说中上古“五帝”的最后一帝，中国传统“二十四孝”之首，生于“姚墟”（今濮阳县徐镇一带）。舜虽为颛顼帝的后裔，但祖上五世皆为庶人，在历山种田，在雷泽（今濮阳境内）打鱼，在黄河之滨制作陶器，在顿丘从事商业活动，为生计到处奔波。

舜的少年时代十分不幸。父亲是个盲人，母亲很早去世。父亲、继母、弟弟对舜十分刻薄。但舜以德报怨，赢得了乡邻的称赞。部落联盟首领尧年老的时候向四岳（四方诸侯之长）征询继任人选，四岳推荐了舜。尧为了考察他的品行和能力，将两个女儿嫁给他。舜不但使二妻与家人和睦相处，而且在各方面都表现出卓越的才干和高尚的人格。只要是他劳作的地方，便兴起礼让的风尚，人们都愿意追随他，因而他所生活的地方“一年而所居成聚，二年成邑，三年成都”。

帝舜传说

弟弟象十分妒忌，多次想杀掉舜，以达到霸占财物的目的。舜修补仓房的屋顶，父亲在下面纵火焚烧仓房。舜靠两顶斗笠护卫住身体，从房上跳下，幸免于难。舜掘井，井挖得很深了，父亲和弟弟却在上面填土，要把井堵上，将舜活埋。舜在井壁上挖了一条通道逃生。即使如此，舜也不放在心上，一如既往，孝顺父母，友爱兄弟，而且比以前更加诚恳谨慎。

后来尧让舜参与政事，管理百官，接待宾客，经受各种磨炼。最后选择吉日举行大典，尧禅位于舜。尧去世后，舜想让位给尧的儿子丹朱，但天下诸侯都去朝见舜，却不理会丹朱。人心所向，天意所

尧王惩子

尧王访贤

归，使得舜继承了部落首领之位。舜即位后在政治上进行了一番大的改革：明确了禹、皋陶、契、弃、伯夷、夔、龙、垂、益等人的职责，还规定三年考察一次政绩，以决定官员的提升或罢免。通过这样的整顿，各项工作都呈现出新的局面。

舜年老的时候，认为自己的儿子没有什么德才，就确定了威望最高的禹为继任者。舜与尧一样，都是儒家理想中禅位让贤的圣王。舜在位39年，到南方巡视时，死于苍梧之野，葬于江南九嶷山。

• 谦谦君子蘧伯玉 •

蘧伯玉

蘧伯玉，字瑗，名伯玉，谥成子，是春秋时期卫国著名的贤大夫。春秋后期，卫国政治黑暗，社会动荡不安。卫献公十八年（前559），权臣孙林父欲叛卫，在帝丘见到蘧伯玉，问道："国君的暴虐你是知道的，国家将要倾覆了，你说该怎么办？"伯玉答道："有国君管理国家，我哪里敢发表意见？我即使发表意见，也不一定管用。"说罢便离开了卫国，不与孙氏同流合污。此后十年间，为逃避卫国的乱政，伯玉两次出走他国。孔子称赞说："蘧伯玉真是君子呵！国家政治清明则入仕，无道则独善其身，心系家国。"蘧伯玉十分注意自我修养，修身求进而善于改过，"年五十而知四十九年非"。

公元前544年，吴公子季札来到中原诸国进行观礼，进行政治文化交流，在卫国见到了蘧伯玉等人，之后评论说："卫国有很多君子，这个国家不会有什么祸患。"为了使蘧伯玉得到国君重用，大夫史鱼"尸谏"（死后停尸不葬，以劝谏国君）卫灵公。卫灵公终于感悟。

蘧伯玉曾奉命出使楚国，遇见楚国

的公子晳。公子晳对他说："我听说第一流的人才可以将妻子托付给他；第二流的人才可以让他捎话；第三流的人才可以将财物托付给他。若是一人三者兼备，便可以托付自己的身家性命，是不是这样呢？"蘧伯玉说："您不用再说了，我明白了。"两人分手之后，蘧伯玉觐见楚王，完成了出使的使命后，坐下来与楚王聊天。楚王问蘧伯玉："你说哪个国家的人才最多啊？"蘧伯玉答道："当然是楚国。"楚王一听很高兴，可蘧伯玉接着往下说："楚国人才虽然多，但是楚国不会用人。伍子胥，背井离乡投奔了吴国，在吴国当了宰相，发兵攻打楚国。衅蚡黄，去了晋国，晋国令其治理七十二县，结果是路不拾遗，夜不闭户，老百姓安居乐业。今天我在路上碰见了公子晳，这也是不世出的人才，如今又要离开楚国，不知道要去为哪一国效力了。"楚王听到这里，恍然大悟，拉着蘧伯玉的手说："若无先生之言，楚国又将失去一位人才。"于是连忙派人快马加鞭追回公子晳，并拜他为相。

蘧伯玉作为"先贤"奉祀于孔庙东庑第一位，也是中国道家"无为而治"思想的开创者。

《濮阳县志》记载，蘧伯玉故里在今濮阳县渠村乡渠村，渠村原为蘧村，1958年改为现名。此地有纪念蘧伯玉而起的古庙会，历经2 000年而盛行不衰。

卫国能臣史鱼

史鱼，名佗，卫灵公时任祝史之职（负责社稷祭祀的官员），故也称祝佗。史鱼对国家忠心耿耿，有胆有识，学问渊博，被称为柱石之臣。

祭祀是国家的大事，史鱼忠于职守，从不懈怠。卫灵公二十九年（前506）春天，中原诸侯在召陵（今河南漯河市召陵区）会盟，卫国派子行敬子赴会。他深知

史鱼

责任重大，一人难以胜任，就推荐史鱼一同前往。卫灵公答应了他的要求。史鱼接受使命时说：“我总是尽全力来办理分内的事情，尚且担心做不好而犯下罪过，如果再委派我做其他事情，恐怕会招致大罪了。再说，祝史是国家一刻也离不了的官员，社稷的神灵不出动，祝史就不能走出国境。假如君王率军出发，祭祀社神，我才能与社神一同走出国境。”卫灵公只好亲自前往，史鱼随从。

卫灵公行至皋鼬（今临颍县南）时，听说会盟时让蔡国在卫国之前歃血，感觉不太合理，便派史鱼向主持会盟仪式的官员苌弘交涉。史鱼据理力争：“先王的用人标准是崇尚德行。武王战胜商朝，成王安定天下后，都曾选拔分封有德行的人，所以周公辅佐王室以治理天下，诸侯和天子也都和睦相处。当时，封周公的儿子伯禽鲁公于少皞故城，封武王少弟康叔卫公于殷朝的故城，封唐叔于夏朝的故地。这三个人都有美好的德行，所以分赐给他们很多东西，以宣扬其德行。如果不是出于这一原因，文王、武王、成王、康王的儿子中年长的还有很多，为什么得不到赏赐和分封呢？由此可见，天子是崇尚德行的，并不看重年龄。管叔、蔡叔煽动商朝遗民叛乱，企图谋反，天子因此而杀了管叔，而对蔡国的始祖蔡叔则给予放逐的严厉处分，只给了他七辆车子，七十个随从，就让他到荒远的边地去了。后来，因蔡叔的儿子蔡仲改恶从善，周公才提拔他为卿士，并让他晋见了天子。天子也是从德行考虑，才命他继为蔡侯。任命书上还特地加上一句：‘不要像你父亲那样违抗天子的命令！’这样看来，你把蔡国安排在前面是毫无道理的，这是一。第二就是年龄问题，武王的同母弟弟有八个，周公做了太宰，康叔做了司寇，聃季做了司空，其他管、蔡、成、霍、毛等五个叔，都没有任何官职，官职难道是以年龄来任命的吗？还有一例，曹国的先祖是文王的儿子，晋国的先祖是武王的儿子，而曹国身为伯爵却只做了甸服，这也是没有看重年龄。现在如果改变这种传统做法，而以年龄为主要标准，实际上是违反先王制度的。第三，关于歃血次序如何排，近年也是有成例的。当初，晋文公召集践土盟会时，卫成公没有参加，代表他参加的是他的同母弟弟夷叔。那时，卫国就是排在蔡国之前的。当时的盟书保存在周王室的府库中，您可以去查阅。阁下既想恢复发扬文王、武王的法度，却不修正自己的德行，这怎么能行呢？”史鱼越说越快，声音越来越大。他一面摆事实讲道理，一面挥舞着右手，慷慨激昂。苌弘十分佩服史鱼的渊博学识，更佩服他不畏强权的精神，最后将歃血的次序更改，把卫国排到了蔡国的前面。史鱼以他高超的辩才和渊博的学识为国家争得了权利，不愧为卫国一代名臣。

• 至孝典范闵子骞 •

闵子骞（前536—前487），名损，春秋时期卫国人，孔子著名弟子之一。孔子将他列入德行、言语、政事、文学四科中的德行科。闵子骞一生不做大夫家臣，不到腐败昏庸的君主手下做官，受到广泛赞誉。

闵子骞以至孝闻名乡里，孔子称赞说：“闵子骞真是孝顺啊！别人对于他父母兄弟称赞他的言语并不持异议。”相传他幼年受继母虐待，冬天只能穿芦花为絮的棉衣，冻得直打战。父亲得知后，欲休他的继母，闵子骞进行了劝阻。他父亲明白了道理，十分欣慰，也没有休掉妻子。继母后来也被感动了，对待他犹如亲生儿子。后人曾据此故事改编成戏剧《鞭打芦花》。

闵子骞

鞭打芦花

闵子骞寡言少语，但有一次，见到鲁国改建新仓库，便阻止说：“旧的依然能用，何必要改建呢？”鲁国遂停止了这一劳民伤财之举。孔子赞扬说：“这个人不说话便罢，一说就能说到点子上。”闵子骞在孔门弟子中以德行和颜渊并称。鲁国内季孙氏专权，想召请他为费邑的长官，被他拒绝。为了逃避季氏的纠缠，闵子骞隐居在今天范县孟村一带，死后葬在村的西边。此后许多百姓迁居墓旁，逐渐形成村落，并取名为闵子骞村，也称闵村。闵子骞墓祠建于明万历三十六年（1608），今存墓冢。

• 贤良大夫柳下惠 •

柳下惠（前720—前621），姓展，名获，字禽。春秋时期鲁国大夫，他的封邑在鲁国西北部的柳下（今濮阳县柳屯镇），谥号惠。他曾任典狱官，以居官清

柳下惠

正、执法严明而闻名。鲁僖公时，曾三次遭到贬官而不离开鲁国。他说："正直侍奉国君，到哪里都会遭到贬黜。如果要是随俗浮沉，何必要离开父母之邦！"孟子说他"不以侍奉昏君为羞耻的事，也不会因官小而辞职，在朝廷上不掩饰自己的才能，但按原则办事。自己被遗弃也不怨恨，穷困而不忧愁。同愚昧的乡下人相处也没有架子，不会因和赤身露体的乡下人相处而觉得丢身份。听到柳下惠风节的人，胸襟狭小的人也会宽大起来，刻薄的人也会厚道起来"。

鲁釐公二十六年（前634），齐国攻打鲁国，鲁大夫臧文仲建议贿赂齐人退兵，柳下惠反对这样做，主张不卑不亢、以礼相服。他授意族人展喜劝说齐孝公退兵，先按照周礼，以"膏沐"犒劳齐军，表示并不是贿赂、示弱；然后晓之以理，对齐侯说："当初周王分封鲁、齐，共同辅佐周室，并告诫世世代代不要自相残杀。今天你们来讨伐我们，我们听从你们就是了，想来你们不会灭亡鲁国社稷，以失信于诸侯吧。"最后，齐罢兵。

还有一次，一只海鸟落在了鲁东门之外，三天不离开。臧文仲让国人祭祀它。柳下惠立即评论说这样做不合礼制："祭祀是国家的最大礼节，而礼节是政治成功的关键。所以谨慎制定祭祀制度，把它当作国家的典章。现在没有大事而举行祭礼，是不应该的。"接着他从圣王制定祭祀的法则论述了什么适宜祭祀什么不宜，从传说中的烈山氏、共工氏一直说到"五帝"、商先王、周文王、周武王等，最后得出结论，说："祭祀社稷山川之神，是因为他们有功于民；祭祀先贤美德之人，是为了让老百姓信服；祭祀三辰（日、月、星），是为了让人瞻仰；祭祀五行，是为了报答土地的增殖；祭祀九州名山川泽，是因为它们供应财用。除此之外，皆不在祭祀之列。海鸟偶然来到这里并没有什么值得大惊小怪的，所以祭祀它是极不明智的。"臧文仲听了非常受启发，把他的话写在简策上。

柳下惠在各诸侯国颇有口碑。秦国攻

打齐国，路过鲁国，下令保护柳下惠的墓地，并规定在墓地五十步以内砍柴的人要处以死刑。

柳下惠不仅学识渊博，而且品德高尚，面对女色“坐怀不乱”的传说流传很广。

在今天的濮阳县郎中乡有展丘村，相传这里是柳下惠的葬址所在，其后人在此守墓，繁衍至今成为村落，故有此名。

•农民起义领袖跖•

跖，柳下惠之弟。二人虽为亲兄弟，但性格截然相反。跖是我国有历史记载以来最早的农民起义领袖。

春秋后期，公卿大夫霸占了几乎所有土地、山林、渔盐和其他资财，不准百姓为了生计而耕种、砍伐、狩猎。连年不断的战争，加上统治者征敛无度，民生凋敝，平民被逼揭竿而起。跖领导的起义是规模较大的一次。他的队伍有9 000人，横行天下，大小贵族都望而生畏。统治者恨之入骨，诬称他为“盗跖”。战国时期老庄道家学派为了表达自己的观点，假托孔子对跖进行劝降，对孔子的仁政思想进行了尖刻讽刺，但也可以见到跖思想和性格的一个侧面。

孔子听说跖凶顽无比，自告奋勇去劝降。有人劝他谨慎些，因为跖不是一个好对付的人，孔子说：“天上没有不可感化的东西。毒蛇、猛虎都可以驯服，何况盗跖是个质美果敢的人，哪有不能说服的道理呢？”当时，跖正在休整，孔子对军营守门人说：“我是鲁国的孔丘，闻知将军高义，前来拜见。”跖听说孔子来访，勃然大怒：“他是一个巧伪之人，替我告诉他：‘你巧言饰辩，无根无据地称道文王与武王，头上戴着树枝一样华丽的帽子，腰里围着死牛筋一样的带子，不耕而食，不织而衣，到处大放厥词，摇唇鼓舌搬弄是非，蛊惑天下的君王，使天下的学士不务正业，成天装出一副孝敬父母、友爱兄弟的样子，企图侥幸求得封侯而博取富贵。你罪太大了，赶快走，不然，我就杀死你。’”

孔子再次请求接见，跖命人带他进来，孔子快步走进屋，不敢就座，一再行拜见之礼。跖早就按捺不住，展开两足，按剑张目，厉声呵斥道："孔丘，你过来，有什么话请快说。"孔子对此好像全然不察，坐下侃侃而谈："我听说天下的人有三种美德：生而长大，面容美好，无论长幼贵贱看见他就觉得顺眼，这是上德；智慧经天纬地，能言善辩，讲出万事万物的道理，这是中德；勇悍果断，聚众帅兵，这是下德。人具备其中一种美德的，就可以南面称王了。现在将军您兼有这三种美德，应该是一个完人了。只是由于不随世俗，才被称为盗跖，我孔丘私下实在为将军感到羞耻。如果将军能听我的劝告，我请将军南使吴越，北使齐鲁，东使晋楚，使他们共同扶助将军筑造城池，建为都邑，尊将军为诸侯，停战休兵，收养兄弟，共祭祖先。这才是圣人的作为，也是天下百姓的愿望啊！"

跖听后大怒说："世上大凡可以用利禄劝动的，都不过是一些愚蠢浅陋的庸人罢了。"接着举出尧、舜、商汤、周武王得天下而后世子孙或没有立锥之地或被灭绝，以及一些所谓贤人不得善终的例子，又从远古时候虽然禽兽多而人口少、生活艰难却是民风淳朴的理想社会等方面来批驳孔子的所谓圣人、所谓美好社会之说。至于孔子尊他为诸侯的说法，跖以为这更是无稽之谈。

最后，跖说："孔丘，你用来说服我的道理，如果是荒诞不经的故事，那是我所不知道的。如果是人事，无非是这些罢了。这些我早有耳闻，不过是一些颠倒是非、捕风捉影、虚饰巧诈的东西，哪里值得一驳？你还是趁早离去吧！"

孔子面对跖，张口结舌，无言以对，只得再拜退出。在上车时，他按住车前横木低头喘息，面如死灰，好长时间才回过神来。100多年后，庄子听说这件事后评论说："真是盗亦有道啊！"

跖在民间享有崇高威望，《荀子》中说他"名声若日月，与舜禹俱传而不息"，给予他很高的评价。

• 侠义之士荆轲 •

豪侠之士在中国历史上是一个独特的群体。他们家无余财而慷慨仗义，以打抱不平、替人分忧为己任。司马迁的《史记》专门为这类人写了《刺客列传》，对他们多有褒扬。他们的行为虽然不能改变历史的大趋势，但他们一诺千金、以命相许的品格，以及不畏强敌的豪迈气概，感动了无数后来人。而荆轲无疑是最为著名的一个。

荆轲（？—前227），战国时期卫国人。卫人称之为庆卿，到燕国后，燕人称之为荆卿。荆轲好读书、击剑，游说卫元君而不被重用。荆轲在燕时，与屠夫高渐离过从甚密，常与他饮酒于市中相泣而歌，旁若无人。他喜欢读书，与“贤豪长者相结”。当时，燕太子丹在秦国做人质逃归燕后，常欲报复强秦。而秦国正吞并诸侯，快要轮到燕国了。恰巧秦将樊於期得罪了秦王，逃到燕国，太子丹想利用他，遭到老师鞠武的反对。鞠武向太子推荐了田光，田光又推荐了荆轲。田光以自杀的方式来表达守信保密的诚意。太子丹非常感动，并对荆轲优待有加。为了使行刺秦王成功，荆轲向太子丹要了两样东西：樊将军首级和燕国督亢地区（今河北易县、涿州、固安一带）的地图。樊於期与秦国有仇，为借机报仇，自杀成全荆轲之行。荆轲乃携樊的首级及地图入秦，随行者还有燕勇士秦舞阳。太子及宾客中知道这件事的人，都穿白衣戴白冠为他们送行。西行到达易水之边，对祖先进行祭祀完毕，由高渐离击筑，荆轲应和而歌，声音悲壮，一行人皆垂泪。荆轲又歌唱道：“风萧萧兮易水寒，壮士一去兮不复还！”竟然头也不回地过河而去。

荆轲刺秦王

荆轲身带一把带毒的匕首和秦舞阳来到秦国。秦王听说荆轲带了樊於期的头颅和督亢地图，非常高兴，设九宾之礼隆重接见。来到宫殿台阶前，秦舞阳吓得脸变了色，荆轲连忙解释：“北方蛮夷小人，从来没有见过大王，所以害怕了，请您原谅。”当荆轲走近秦王徐徐打开地图的时候，一把匕首露了出来。荆轲顺势抓住秦王的袖子，拿起匕首就刺向秦王。秦王反应极快，马上向后躲避，袖子也扯断了。秦王想拔剑，但剑太长，一时无法拔出，只得躲在柱子后面。荆轲追赶秦王绕着柱子转。堂上大臣们一时不知所措，带有武器的卫士又在殿下，没有命令不准上殿。这时侍医夏无且提起手上的药袋投向荆轲，其他人也回过神来，提醒秦王把剑匣推向背后，以便拔出长剑。秦王顺势拔出剑来将荆轲的腿砍断。荆轲跪倒在地，将匕首投向秦王，结果匕首扎到了柱子上。荆轲靠着另一个柱子大笑说：“我之所以没有成功，是想劫持你，要你归还霸占的诸侯土地。”武士们这时冲上殿将荆轲杀死。

荆轲刺秦王未能成功，但慷慨悲歌之事流传千古。

• 立君立言吕不韦 •

吕不韦

在中国历史上，有以权谋私富有的，也有因富有而结交王侯取得高位的。权和钱向来是一对孪生兄弟，两者的结合支撑着以私有制为基础的不平等社会。周、秦之交的吕不韦可以说是因富有而成为权贵的典型例子。

吕不韦（？—前235），卫国濮阳（今濮阳西南）人。一次，吕不韦在邯郸做生意时遇见了在赵国当人质的秦王之子异人（子楚），萌生了利用异人发家致富的愿望。吕不韦回到濮阳后问其父亲：“种地能获多少利润？”父亲回答说，投入和产出相比，最多得十倍。又问：“卖珠宝玉石得利多少？”父亲说，那可以得一百倍的利。吕不韦又问：“如果要成功扶持一个人得到王位，能获得多少？”他父亲不假思索地说，那可得利无数。吕不韦接着说：“现在一天到晚辛辛苦苦在田地里劳作，有时还吃不饱穿不暖。如果帮助扶持国君即位，可以使子孙万代受益无穷。我还是在这方面找找门路吧！”

吕不韦找到了异人，开门见山地说：“我能使您的门庭光大。”异人心不在焉地说：“你还是先把你的门庭光大再说吧。”吕不韦又说：“我的门庭靠你的门庭来光大呢！”异人心领神会，马上向他请教。吕不韦分析说：“您既无母后于宫中为你撑腰，又处在恶劣环境的敌国做人质，倘若有一天秦、赵背弃信约，那么您将成为粪土，现在您需要听我的，先求得回国。我替您在秦国活动，秦王一定会请您回国。”接着吕不韦又去游说秦国王

央视网
吕不韦辅佐异人之谜

后的弟弟阳泉君，告诫他说："您的府库中珍藏着珍珠宝玉，您的马圈里养着许多骏马，您的后宫中住满了美女，手下的人都位居高官，而太子手下却没有一个处在高位的。大王年事已高，太子一旦即位，您的处境将十分危险。"阳泉君马上问他该怎么办。于是，吕不韦乘机推出没有子嗣的王后和没有母亲在赵国做人质的王子异人，并建议让阳泉君劝王后认异人为儿子。王后有了儿子，下面改立太子的事就好办了。异人立为太子，阳泉君便可以高枕无忧。于是阳泉君便去劝说王后，由王后请求赵国将异人送回。

接着吕不韦又到赵国，对赵王说："王子异人是秦王的爱子，宫中虽然没有母亲，可王后却想将他领回去认作儿子。假若秦国想要消灭赵国，绝不会为一个王子而停止进攻的计划，赵国只不过是留了一个空人质。假如让异人回去做太子，赵国再用厚礼送行，异人自然不会忘记赵国的恩惠，他报恩都来不及，哪里会反目成仇呢？"赵王于是送异人回到了秦国。

王后本是楚国人，吕不韦让异人穿着楚人的服装去见王后。王后很高兴，认他做了儿子，并把他的名字改为"楚"，以志纪念。经过母子俩的共同努力，秦王便改立子楚为太子。

子楚即位后，封吕不韦为相国，封号为文信侯，以蓝田十二个县为食邑。王后被封为华阳太后。诸侯都给秦国进献土地。子楚死后，太子嬴政（后来的秦始皇）即位，尊吕不韦为"仲父"，食禄更加丰厚。

吕不韦入秦后，使用外交手段和军事力量，灭东周，破韩、魏、赵，为秦的统一立下了汗马功劳。在内政上，他修建水利设施，发展农业生产，纳粮多者封以爵位，为秦的统一奠定了雄厚的经济基础。

出于富国强兵的需要，各国竞相招揽人才。当时魏有信陵君，楚有春申君，赵有平原君，齐有孟尝君，竞相养士。吕不韦也招养宾客，给予优厚的待遇，食客多达三千人，其中多具辩才之士。吕不韦让门客每人写其见闻，集为八览、六论、十二纪，二十余万字，天地万物古今之事都收入其中，这就是《吕氏春秋》，也称《吕览》。为了精益求精，吕不韦在咸阳门外悬赏求文，天下八方来士、宾客、游人，有提供高见者、增损一字者，赏千金。

《吕氏春秋》兼有儒、道、墨、法诸家学说，故《汉书》将它列为"杂家"。

书中保存了大量先秦时代的文献和奇闻逸事，为后世研究先秦社会生活的各个方面提供了极其重要的资料，堪称秦汉之际的一部划时代巨著。

• 西汉名臣汲黯 •

汲黯

汲黯（？—前112），字长孺，西汉濮阳人。汉景帝时为太子洗马。武帝时为谒者（春秋战国至秦汉时的官职，主管接待宾客），先后任荥阳令、东海太守、主爵都尉、右内史，最后病逝于淮阳太守任上。

汲黯出生在一个仕宦之家，自黯以上十世皆为卿大夫。汲黯自幼受家风濡染，成长为一代名臣。他居官为政重大局，不拘泥于小事，谦虚好学，有侠义之风。他重气节和品德修养，喜欢当面向皇帝提出批评意见。一天，汉武帝召集群儒大臣说：“我想振兴政治，效法古代圣王尧舜，如何？”汲黯说：“陛下内心欲望很多，对外表现出仁义，内外不一，怎么能效法唐虞呢？”武帝听了这尖锐的批评脸色大变，怒而罢朝。同僚都说汲黯太憨直，汲黯正言：“天子设立公卿辅弼之臣，难道是为了让我辈阿谀奉承，陷主上于不义吗？在其位，纵然顾及自身，就可以让朝廷受辱吗？”汲黯做事认真，严守礼法。武帝经常着便服不戴帽子接见朝臣，唯独汲黯进见，他不敢苟且。有一次，他来不及穿戴，只好让随从出来接奏折，并草草准奏。武帝曾问臣下汲黯是一个什么样的人，大臣们评价说：“平易近人，若托孤寄命，一定不会使人失望。”

央视网

瓠子堵口

汲黯不畏权贵，朝野敬重。上大夫卫青因征讨匈奴战功卓著，被授予大将军，并娶了武帝的姐姐平阳公主，满朝文武都争相趋炎附势，唯独汲黯不送礼、不贺喜，见了皇亲国戚卫青，也只是施以一般礼节。外戚田蚡权势炙手可热，汲黯偏偏见而不拜。他指责丞相公孙弘“内心存不轨，只知以欺诈巧言阿谀皇上”，痛斥御史大夫张汤：“智谋多而不听谏言，奸诈而掩饰错误，巧言令色好辩却不肯为天下谋正道，只会阿谀皇上。皇上不想要的，便打击压制；皇上想要的，便百般称赞。对皇上察言观色，对外拉帮结派巩固自己的地位。”张汤遂怀恨在心，并在武帝面前污蔑汲黯。武帝听信张汤谗言，将汲黯降为右内史，但他依然“官事不废”，恪尽职守。后张汤犯事，武帝后悔没有采纳汲黯的话。

汲黯勤政爱民，任谒者时，河内郡失火，损失惨重。武帝派他前往视察。他途经洛阳，见到当地水患灾害严重，甚至父子相食，便不畏矫旨之罪开仓放粮赈救民众。他多次因进谏急切、批评朝政而被免官，但数次又被重用。晚年，武帝派他到河南淮阳整治私铸钱币之风，他再三推辞后只得应允。到任后，他一面打击私铸之风，除暴安良；一面兴修水利，发展农桑。淮阳大治。他带病“卧治”七年，最后病逝于淮阳任上。汲黯两袖清风，死后家无余资，不愧为一代清廉名臣。《嘉靖开州志》记载，州境内有汲黯墓。

易学大家京房

中国古代有天人感应学说，大致是说，人间政治清明，则风调雨顺，四时安顺；人间政治黑暗，天则降灾以示警告。本来这是不符合科学的，因为人和自然之间本不存在这种直接联系，但这一学说在产生之初，包含着约束人世间富豪权贵肆意妄为的意思。而古人对天文地理、风霜雨雪规律长期观测每每得出科学的结论，两者结合起来（其中不乏偶然巧合），就形成天命难违、善恶报应的思想。一些正直的仕人学者，往往利用这一点规劝统治者革除弊政，惩恶扬善。汉代的京房就是

京房

这样一个以灾异之说为武器同腐败政风进行斗争的学者。

京房（前77—前37），本姓李，字君明。西汉东郡顿丘（治今清丰县西南）人，著名易学家，以六十四卦为根据，长于风雨寒温灾变的占验，擅长音律。汉元帝初元四年（前45），以孝廉科选为郎。元帝永光、建昭年间，京房据天象的变化预卜政事，短则数月，长则一岁，“所言屡中”，深得天子信任。京房乘机以息灾异为由，倡导对官吏进行考课。其间他和汉元帝的一番对话堪称中国历史上君臣对话的经典。

京房先从周幽王、周厉王这样的君主任用奸邪小人而使国家衰亡说起，使元帝明白君主圣明的重要性，然后诚恳地说：“孔子著《春秋》，记载了420年的灾异现象，展示给后来的君主们。今天，自从陛下即位以来，日月失明，星斗逆动，天下陨石，山崩地裂，夏天生霜，冬天响雷，水旱成灾，瘟疫盛行……《春秋》中所讲述的不正常现象，现在都具备了。陛下难道以为这是政治清明的预兆吗？”元帝承认局势确实混乱至极。京房进一步启发元帝说，败坏朝纲、使国家倾危的正是石显和五鹿充宗这些最受信任、和皇帝天天商议大事的人。

石显和五鹿充宗知道京房在元帝面前说了他们的坏话，就千方百计地想置他于死地。京房倡导的“考功课吏法”也招致了公卿朝臣的怨恨。元帝打算重用京房推举的那些人才，让他们考核官员的政绩。为了把京房排挤出朝廷，石显和五鹿充宗利用考功课吏的机会，建议让京房也到地方任职，做个示范。这样京房很快被排挤出朝廷，任魏郡太守，虽然被天子特许可以不受刺史节制、可以直接任用其他郡的人才、每年可以直接上书奏事，但由于京房的措施触动了许多人的利益，没过多久，考功课吏便无法推行。京房多次上奏折，陈述中央和地方官吏对考课法的破坏，自己实在是独木难支。但这些上书都落到了石显一帮人手里。在政治腐败的衰落之世，王朝气数已尽，大势已去，靠一两个正直志士是不能改变局面的。京房的岳父是张博，张博的靠山是自己的外甥淮阳王。他们之间的来往信件也被石显掌握。于是石显便诬陷他们诽谤天子、密谋造反。最后京房和张博被斩首示众。京房虽借《周易》卦象和天象来言朝事、极力革除弊政，却无法改变被治下狱的命运。这不仅是京房的悲剧，更是所有正直的封建仕人共有的悲剧。京房死时年仅41岁。当年支持他的御史大夫郑弘也被贬官为民。

•九世同堂张公艺•

张公艺

张公艺（578—676），唐代郓州寿张县古贤村（今台前县桥北张村）人，其生活的年代跨越了北齐、北周、隋、唐四代，寿99岁。

张公艺自幼正德修身，礼让齐家，建立义和广堂，制定家法条教以规范子弟，因此父慈子孝，兄友弟和，夫正妇顺，九代同居，家庭十分和睦。合家九百人，每日击鼓集中饮食，乡里莫不仰慕。历代王朝对张家也多次旌表：隋开皇八年（588），隋文帝赐匾“孝友可师”；唐贞观九年（635），唐太宗赐匾“义和广堂”；北齐东安王永乐、隋大使梁子恭亲自登门拜访，表彰其名。唐麟德二年（665），唐高宗与武则天封禅泰山路过寿张，召见了张公艺，问其治家之道。张公艺答：“老夫自幼接受家训，慈爱宽仁，没有什么特殊才能，只不过以诚待人罢了，关键在一‘忍’字而已。”张公艺连书一百个“忍”字，并撰联“忍人仁人任人刃，任人刃人任仁人”呈给高宗，高宗连连称善，赠以绢帛，并封张公艺为醉乡侯，封张公艺的长子张希达为司仪大夫，并亲书“百忍义门”四个大字，命修建百忍义门。

此外还有另外一些版本的传说：皇帝闻知张公艺九世同居，家大业大，特意来私访。他扮作道人来到张公艺家，要见一见当家人。这时走来一个十二三岁的男孩，自称当家人。此童便是张公艺。道人感到很奇怪，问他为什么这么年轻就当家。张公艺回答说：“这是张家祖传的治家办法。年轻人没结婚，无私心，办事公道。”随后，张公艺领道人参观了这个大家庭。只见他家建有食堂，听钟声集体吃饭；有裁缝房，全家人的衣服、鞋袜统一制作和分配；孩子统一看管，有出门探亲的妇女，无论谁的孩子，抱起一个就走（和自己的孩子一样）。道人看他们十分和睦，赞不绝口。张公艺说：“我家不仅人义气，狗也与别家不同。”他又领这位道人观看了喂狗的情景。张家养着一百条狗，如有一只不到，其余九十九只都不吃食，只等到齐了才吃。道人很惊奇，想当面试一试这个小当家人的本领，就送给他两个梨子让他分给家人吃，看他如何处理。张公艺叫家人用石臼把梨捣碎，放在水缸里，叫全家人都来喝梨汤。

张公艺以和治家，仗义疏财，九代同居，人多家业大，骡马成群。远亲近邻时常登门求助，有的借粮，有的借钱，有的借农具和牲畜。讲信用的按时归还，也有些人借去不还，甚至把农具和牲畜卖掉。天长日久，家人有的愤愤不平，提出今后决不再借给他们。张公艺却说：“如果他们都像我们一样，什么都有，还来求我们吗？因为他们有困难，所以才求助我们。”在他的家族影响下，助人为乐、和谐相处蔚然成风。

当年，唐高宗造访张公艺，过河时见桥面狭窄破旧，回京后拨付资金将其翻修为石桥。清康熙十一年（1672），山东寿张知县曹玉珂于此桥北头立碑，上书“唐高宗驻跸访贤处”。后世称此桥为“古贤桥”，张公艺所在村为“古贤村”。又因该村在桥的北面，故后来又改名为“桥北张”。

1959年，毛泽东主席在山东济南接见寿张县委书记时，专门问及张公艺的后人及他们的家风现状。

今桥北张村南有张公艺墓，墓前碑碣林立，有石坊三座。

• 有勇有谋张公谨 •

张公谨（594—632），字弘慎，唐魏州繁水（今南乐县）人。隋末为王世充洧州长史。唐武德元年（618），张公谨劝说洧州刺史崔枢以州城归降唐朝，被李渊封为邹州别驾，后又被提升为右武侯长史。他开始并不知名，后因徐懋功和尉迟敬德推荐被引入幕府。“玄武门之变”前，李世民让占卜的人烧龟甲卜吉凶，张

张公谨

公谨恰巧从外而入，拿起龟甲扔在地上，进言道："凡行卜筮，是以决嫌疑、定犹豫，现在举事不疑，用得着卜卦吗？如果卜不吉，势已不可停止，希望大王仔细想想。"李世民深信其言。张公谨有勇有谋，力大无比，与长孙无忌等九人辅佐李世民发动了玄武门之变。李建成、李元吉被杀后，其党羽进攻玄武门，张公谨有勇力，一人守门，数人不能过。李世民即位后，封张公谨为左武侯大将军，赐爵定远郡公，受封一千户。

贞观元年（627），张公谨被任命为代州都督，前后进言时政得失十多件事，都被采纳。为保证边关军粮供应，他上疏请求在当地实行屯田。张公谨陈述可以进攻突厥的六条理由，皆被太宗采纳。李靖进攻突厥，以张公谨为副帅。破定襄，败颉利，张公谨进封邹国公。

后张公谨任襄州都督，惠政远近闻名，不久卒于任上，年仅39岁。唐太宗十分悲伤，发哀追悼。有司奏言：按《阴阳书》，日子在辰，不可哭泣，为流俗所忌。太宗曰："君臣之义，同于父子，情发于衷，安避辰日。"遂为之而痛哭，赠左骁骑卫大将军，谥"襄"。贞观十三年，太宗追思他过去的功勋，改封郯国公；贞观十七年，将其形象画于凌烟阁，被长久地祭祀。

张公谨的长子张大象，官至户部侍郎。次子张大素，唐高宗龙朔年间任东台舍人，兼修国史，死于怀州长史任上，编写《后魏书》一百卷、《隋书》三十卷。三子张大安，唐上元年间任太子庶子、同中书门下三品。当时章怀太子令张大安等注范晔《后汉书》，太子被废后，张大安被贬为普州刺史。光宅年间，张大安死于横州司马任上。张大安的儿子为唐开元年间国子祭酒。唐代张氏可谓名门望族。

【知识链接】 玄武门之变

唐武德九年（626），秦王李世民在长安城宫城北门玄武门杀死太子李建成和齐王李元吉。随后，李渊诏立李世民为皇太子，下令军国庶事无论大小悉听皇太子处置。史称“玄武门之变”。之后，李世民即位，年号贞观。

• 天文学家僧一行 •

在中国科学史上，唐代天文学家僧一行可以称得上世界级的科学家。

一行（683—727），俗名张遂，法号一行和尚，谥号大慧禅师，唐代魏州昌乐（今南乐县）人，唐代开国元勋张公谨的曾孙。祖父做过襄州都督，父亲为武功县令。他生活于唐高宗弘道元年（683）至唐玄宗开元十五年（727）之间。

一行少年时就十分聪明，博览经史，特别精通天象历法、阴阳五行之学。武则天统治时期，年轻的张遂来到长安城，到元都观向一位名叫尹崇的有学问的道士借阅汉代扬雄所著的《太玄经》。该书体例和《易经》差不多，深奥难懂。没有过几天，张遂就将书还给尹崇。尹崇很是奇怪，就说：“这本书太难懂，我都读不懂，你何必这样匆匆忙忙地归还呢？”张遂自信地说：“我已经读懂了。”尹崇又惊又喜，就向他提了几个问题，没想到他对答如流。张遂还作了很多读书笔记，对其中的疑难问题一一作了注释。尹崇这才真的相信他读懂了，夸他博学多才，真是“颜回在世”。张遂从此名闻天下。

僧一行

武则天的侄子武三思听说他很有学问，就特地派人来请他，希望和他交朋友，企图以此博取尊贤重士的美名。张遂耻于和官场浊流为伍，但又得罪不起这个权贵，于是悄悄逃出长安，到嵩山削发为僧，继续从事天文学和数学的研究。后听说浙江天台山有个和尚精通数学，就徒步跋涉三千里，前往求教，以后又到湖北荆州当阳山钻研天文，终于在这两个领域有了很深的造诣。

712年，唐玄宗即位，广罗人才，听说一行精通天文和数学，便将其召回长安。开元九年（721），玄宗认为当时的历法不够准确，就让他主持天文地理测量和修订历法工作。一行运用渊博的天文知识和出众的计算才能，制定出了全国范围的测量方案。为使各个测量点能测出冬至、夏至、春分、秋分正午的日影长度和漏刻昼夜分差，他和梁令瓒合作制造了两台天文测量仪器：一台用来测定太阳、月亮及其他行星在天空中的位置，名叫黄道游仪；一台用来表现日月星辰在空中的运行和测定时间，名叫浑天铜仪。仪器制成后，一行便发起了大规模的测量活动，向全国13个地方派出了测量人员。这一活动历时几年，最后将各地测量的数据汇总到长安。经过大规模实地测算，验证了南北各地昼夜长短不同的情况。在这次大规模的测量日影的活动中，一行还计算了子午线的长度。子午线就是南北经线。传统有一种说法：在同一条经线的两个地方，如果夏至中午的日影（指8尺高标杆的影子）相差1寸，两地南北就相距1 000里。一行觉得这种说法是错误的。他在河南选了差不多在同一条经线上的4个点，根据这4个地方的纬度和它们之间的距离，算出纬度相差1度，南北相距为351里80步，合129.22公里，比现代测量的结果111.2公里多1/6左右，这样的误差在当时测量设备存在局限的情况下是难免的。一行对子午线的测量在世界上尚属首次。

在测定过程中，一行还发现太阳在黄道上运行的速度并不是均匀的，冬季稍快一点，夏季稍慢一点，因而旧历把全年分为二十四节气是错误的。根据精细计算，他把一年二十四节气分为四段：秋分到冬至，冬至到春分，各是88.89天，各含六个节气；春分到夏至，夏至到秋分，各是93.73天，也各含六个节气。这是一行对我国历法的一次重大改进，具有重要意义。

开元十五年（727），一行在实地考察、艰苦探索、精心推算的基础上，终于编制出了新的历法——《大衍历》。这部历法较为准确地反映了地球围绕太阳运行的速度，提出了正确划分节气的方法，对科学解释天文现象、促进农业生产发展都有重大的指导作用。宋代科学家沈括评论说："开元《大衍历》最为精密，历代用其朔法。"

一行的贡献是巨大的。他与梁令瓒合制的浑天铜仪是世界上第一个自动计时装置，在世界上第一次测出了子午线的长度，在世界上第一个发现了恒星运动现象。这三项成就，不仅是中国天文学的巨大成就，在整个人类科学史上也占有重要的地位。

• 博学耿直李义琰 •

李义琰

李义琰（？—688），唐代魏州昌乐（今南乐县）人。其祖先为陇西人，后迁关外，世代为显姓大户。李义琰青年时考中进士，一开始被任命为太原尉，转又任白水县令，颇有政声，被任命为司刑员外郎。上元年间，升迁为中书侍郎，又授太子右庶子，同中书门下三品。

李义琰任太原尉时，李勣为并州都督，僚吏都很惧怕这位都督，唯独李义琰敢于与他当面辩论曲直。李勣非常尊敬他，并对他礼遇有加。当时武则天对国政干预很多，高宗想下诏让武则天摄政，遭到李义琰与中书令郝处俊的坚决反对，结果没有成功。

李义琰博学多识，唐高宗每次向他询问政事，他都直言进谏，毫无保留。章怀太子被废后，高宗慰勉官僚，赦免了一些官员，让他们官复原职，大臣薛元超等皆叩头谢恩，唯独李义琰引咎涕泣，受到了当时人们的称赞。

李义琰身处相职，宅第却十分简陋。其弟为岐州司功参军，为他买了大量木材。他却说："我身处国相的位置已经十分惭愧了，还要建造华丽的宅屋，这是在加速使祸上身，这难道是爱我吗？"其弟说："凡做官为丞、尉，都注重宅第建设，兄位居高，怎么可以处下呢？"李义琰争辩说：“道理不是这样的。事难两全。身处高位，又住豪屋，如果缺乏良好的德操，一定要遭殃的。”这批木材最终腐朽也没有用。李义琰拒造相府一事在中国历史上传为美谈。

武则天垂拱初年（685），朝廷任命李义琰为怀州刺史，他自知过去曾反对武则天干政，便推辞不上任，垂拱四年，病逝于家中。《旧唐书》和《新唐书》都为他立了传。

• 外交能臣李义琛 •

李义琛（生卒年不详），李义琰的堂弟。唐贞观元年（627）进士，历任监察御史、刑部侍郎、雍州长史、黎州都督及岐州刺史等职，曾三次出使西藏，一次出使朝鲜，为汉藏及周边通好做出了重大贡献。

贞观八年，吐蕃国王松赞干布向唐朝遣使称臣，太宗派冯德遐为使者，前往西藏抚慰，李义琛随同前往，向松赞干布及其群臣详细介绍了大唐帝国的政治、经济、文化、外交盛况，吐蕃君臣为之倾倒。松赞干布表示愿与大唐联姻，并派人携大量金银财物到长安向唐朝求婚。

李义琛

贞观十五年，唐太宗将宗室之女文成公主许嫁松赞干布，并诏令礼部尚书李道宗（文成公主之父）主婚。李义琛再次入藏，为文成公主完婚。

贞观末年，松赞干布派人向唐朝进贡。使者行至岐州（治今陕西凤翔）遇盗。强盗抢走贡金，还杀死了吐蕃使者。岐州地方官员奉命查处，长期未能破案，致使文成公主处于难堪境地。吐蕃少数臣僚居心叵测，指责唐朝官员侦破不力，蔑视吐蕃。于是，唐太宗决定派李义琛前往岐州进行侦破，李义琛不负众望，数日擒贼，并将吐蕃贡金如数追回。接着他又奉旨第三次入藏，向松赞干布、文成公主汇报了破案经过。松赞干布派人连同贡金送

【知识链接】

南乐建置沿革

南乐县在汉代为乐昌邑所在，因传说上古颛顼父昌意在此筑城而得名。晋改置昌乐，属魏郡。北魏永安元年（528）置昌乐郡。隋初废郡，置繁水县，繁水和昌乐实为一地。《唐书》所载张公谨和张遂（一行，公谨曾孙）一为繁水、一为昌乐即是明证。唐武德五年（622）置魏州，繁水为辖县。贞观十八年（644），废繁水县，代宗大历七年（772）分置清丰县、观城县，属魏州。五代后梁贞明二年（916），晋王李存勖因避先祖名讳（先祖为西突厥人，有功于唐，唐懿宗赐姓名李国昌），改昌乐为南乐，取“新治在旧治之南”意。唐代这里出现了张氏、李氏等名门望族，分别有名人张公谨、张遂，李义琰和李义琛。

李义琛上路，返回长安。

在长安，唐太宗亲率文武百官为李义琛接风，并下诏对他加官七级，由监察御史（七品）提拔为刑部侍郎（从三品）。之后，李义琛还作为高宗特使出使高丽，促进了中朝交往。唐高宗永淳元年（682），李义琛因上疏反对迁徙关中饥民于商、邓二州，激怒了唐高宗，被贬为雍州长史。不久又以政绩卓著升黎州都督，后改为岐州刺史，病逝于任上。

• 清廉孝贤杜暹 •

杜暹

杜暹（？—740），唐濮州濮阳人。其父杜承志，武则天初年为监察御史。从高祖至杜暹，五代同居，为当时的名门望族。杜暹早年举明经科，补任婺州参军，历任荆州长史、魏州刺史、太原尹、礼部尚书等职，后封魏县侯。

杜暹以居官清廉闻名朝内外。婺州参军任期结束后，杜暹即将回朝，一名州吏赠给他一万余张好纸，杜暹只要了一百张，剩下的都还给了州吏。当时前来送行的婺州同僚感叹说：“过去的廉吏离职时只接受象征性的一文钱，杜暹的德行和那些清官有什么区别呢？”唐开元四年（716），杜暹任监察御史，负责监察弹劾百官。当时，唐朝在西北地区设置了安西和北庭两个都护府，具体管理西北边境各民族事宜。安西副都护郭虔瓘与西突厥可汗阿史那献、镇守使刘遐庆等不和睦，并各自上奏朝廷指责对方。杜暹接到诏命后前往调查。西突厥见朝廷派杜暹到来，设宴盛情招待，席间拿出很多金子作为见面礼赠送给杜暹，杜暹再三推让不肯接受。跟随杜暹的人见到这种情况，委婉地对他说：“您来到这样边远的地区，不可失去当地人的情谊。”杜暹不得已暂时接受了这些赠金，但命人悄悄地把赠金埋在自己所住帐篷的幕帐下。几天后，杜暹离开了这里，行至半路，用公文通知突厥人，指令他们将埋藏在幕帐下的金子收回。那些人接到公文非常吃惊，于是赶忙派人追赶杜暹，但一直深入到茫茫的沙漠中也没有赶上。杜暹出使安西退还赠金的事，在当地突厥与其他各族人民的心中留下了难忘的印象，所以希望他能到安西任职。期满调离的都护张孝嵩把当地人民这种心情奏明朝廷，朝廷任命杜暹为安西副都护。

开元十三年，于阗王尉迟眺暗地勾结突厥及诸藩国图谋叛乱，杜暹得知这一阴谋，发兵将其斩杀，并诛其党羽五十余人，新立了君长，于阗方才安定下来。杜暹也因功加官至光禄大夫。他在安西任职四年，安抚将士，勤政爱民，赢得了汉族和少数民族百姓的称赞。

开元十四年，杜暹任黄门侍郎同中书门下平章事。开元二十年，玄宗巡幸太原，提升杜暹为户部尚书。玄宗在东都时，下诏命杜暹为京留守。杜暹借此机会抽调当番卫的兵士，修缮三宫和城隍，亲自巡视检查，未曾懈怠。玄宗听说后，赐给他一封书信说：“你清正廉洁，忠于职守，惠及百姓。修缮城隍宫室没有浪费民力，真是太好了，我以有你这样的臣子而感到欣慰！”不久杜暹替代李林甫为礼部尚书。开元二十八年，杜暹病逝。朝廷下诏赠其尚书右丞相。

杜暹侍奉继母以孝道闻名，对他的异母弟昱非常宽厚。他年轻时便自誓不受亲友馈赠，终生坚持这一操守。他向来不尚空谈，每当上朝议事，常以浅近的道理申述观点。杜暹去世后，玄宗非常惋惜，派人到他家办理丧事，赐绢三百匹。同仁都携葬礼所需要的东西前来吊唁，他的儿子杜孝友遵守父亲的规矩，皆拒而不受。太常赠给他谥号“贞肃”，后因其有忠孝之德，改谥号为“贞孝”。《旧唐书》为其立传。

• 中唐柱臣杜鸿渐 •

杜鸿渐

杜鸿渐（709—769），字之巽，杜暹的堂侄。他的祖父杜慎行曾任益州长史，父亲杜鹏举为右拾遗，病逝于安州刺史任上。杜鸿渐敏悟好学，中进士，入仕为王府参军，天宝末年，被提升为大理寺丞、朔方节度判官。安史之乱爆发后，玄宗逃往四川，皇太子在平凉驻军不知该如何行事。杜鸿渐与六城水运使魏少游、节度判官崔漪、支度判官卢简金、关内盐池判官李涵计议，认为：“平凉地广人稀，不是屯兵的地方，想要占据优势获得胜利，只有朔方这一地方。如果迎立太子，下诏安抚河、陇地区，向北联合回纥人，集结所有劲旅，与主力会合，一鼓作气向南进攻，收复长安、洛阳指日可待。洗雪社稷的耻辱，上报明主，下安苍生，这是我们做臣子的职责，也是国家的前途大计。”之后，他们召集、陈列兵马，登记军资、器械、仓储、库物的数量，晋见太子，并出谋划策，太子高兴地说：“灵武是我的关中之地，你就是我的萧何呀！”

太子到达灵武后，杜鸿渐与裴冕等劝太子即皇帝位，以归中外之望，五次上表，太子才同意。公元756年太子即位，这就是唐肃宗，年号改为至德。遥尊唐玄宗为太上皇。太子即位后，授杜鸿渐为兵部郎中，知中书舍人事，后又转任武部侍郎。至德二年（757），杜鸿渐兼御史大夫之职，为河西节度使、凉州都督。安史之乱平息后，又迁为荆州大都督府长史、荆南节度使。乾元二年（759），杜鸿渐平

【知识链接】 唐代官制

唐朝官制继承隋朝，以三省六部为国家最高政务机构。

三省：中书省、门下省、尚书省。三省长官分别为中书令、门下侍中、尚书令，分别负责决策、审议、执行三种职能，都是宰相之职。唐太宗时，新立“平章事”和“同三品”的衔号，需有这两个衔号才能入政事堂行使宰相职权。唐高宗时，“同平章事”也成为宰相的衔号。唐代宗时，将三省由正三品升为正二品。

六部：归属尚书省下，分别为吏部、户部、礼部、兵部、刑部、工部。部的首长称尚书，副首长称侍郎。部下有司，司的负责人称郎中，副职称员外郎。

息襄州大将康楚元、张嘉延叛乱，任尚书右丞、太常卿，充礼仪使。玄宗、肃宗驾崩后，加光禄大夫，封卫国公。广德二年（764），唐代宗在郊庙祭祀时，提升杜鸿渐为兵部侍郎、同中书门下平章事，不久转为中书侍郎。

大历三年（768）八月，杜鸿渐代王缙为东都留守，任河南、淮西、山南东道副元帅，仍然担任平章事的职务，但他因病未能上任。杜鸿渐晚年乐于退隐恬静，喜好佛事，死前剃发为僧，嘱咐儿子按照僧人的方式埋葬他。《旧唐书》和《新唐书》都为他立传。

爱国名将南霁云

南霁云（？—757），唐魏州顿丘（治今清丰西南）人。他出身微贱，曾受雇做船工；性情豁达，急公好义；精骑射，飞马左右弓，百步内射无虚发。安史之乱爆发后，南霁云投奔巨野尉张沼讨伐叛乱者。张沼见其智勇双全，遂提拔为将。右散骑常侍尚衡攻打汴州叛将李挺望，南霁云为先锋，首立战功。后张沼遣其赴睢阳（今商丘市睢阳区），与守将张巡共商御敌大计，南霁云见其胸怀正气，满腹韬略，便执意留下，被张巡委以重任。

南霁云的故事

至德二年（757）二月，叛将杨朝宗企图占据宁陵，以断睢阳外援。张巡派南霁云、雷万春迎敌。他们斩杀叛军将领20人，杀万余人，投尸于汴，水为之不流。

杨朝宗连夜败逃。五月，叛将尹子奇率部10万围攻睢阳，南霁云一箭射中尹子奇左眼，敌兵大乱而退。七月，叛军增兵攻睢阳，南霁云率兵一天内与叛军大战七十回合，每战俱胜。但由于没有外援，守城异常艰难。马和雀、鼠都被吃光，张巡连自己的爱妾也杀掉让士卒吃了！张巡命南霁云出城求援，南霁云率36名骑兵冲出城门，拉弓左右驰射，叛军以万余人阻拦竟未拦住。36名骑兵只损失两名。他们先到谯郡（治今安徽亳州）向许叔冀求援，许无动于衷，南霁云愤然大骂。后又向临淮贺兰进明求援，贺兰忌妒张巡声威功绩超过自己，不肯出师，又爱南霁云勇武，用酒肉款待强行留用他。南霁云神情激愤地说："睢阳和临淮如皮毛相依，安能不救？我来的时候睢阳城断粮已经一月有余，我哪里忍心自己独自在这里用饭？"说罢，抽刀砍断一个手指以感悟贺兰。举座大惊，都为他的壮举而流下眼泪。但贺兰仍不答应出兵，南霁云无奈只好离开。出城时，他弯弓射向寺庙塔，力量之大竟使砖吃箭一半，发誓说："破叛军之后，一定剿灭贺兰，以这支箭为证。"当年十月，睢阳陷落，南、张二人被俘。南霁云面带微笑，慷慨赴死。

南霁云死后，唐王朝追封其为"开府仪同三司""扬州大都督"，并绘像于凌烟阁，岁时祭祀。明嘉靖年间，在清丰县北门外建"南将军祠"。南霁云墓在清丰县谢朱娄村。

• 史学家张昭 •

张昭（894—972），字潜夫，本名昭远，避后汉皇帝刘知远讳，只称昭，濮州范县人。张昭天资聪颖，十几岁即通《九经》，一生钟爱史学事业，逢乱世而不移其志。五代时历任史馆修撰、尚书右丞、礼部侍郎等职。

后唐庄宗李存勖同光年间（923—926），张昭经东京代留守张宪推荐，被任为留守推官，加殿中侍御史。后唐明宗年间（926—933）被任命为史馆修撰，负责修撰国史。此后十几年间先后整理出了《同光实录》十二卷、《纪年录》二十卷、《庄宗实录》三十卷、《明宗实录》三十卷等，先后任左补阙、知制诰充史馆修撰、知制诰，累升至礼部侍郎。

后晋高祖石敬瑭时期（936—942），在宰相桑维翰的极力推荐下，张昭被封为翰林学士，参与编修唐史。后晋出帝开运二年（945），一部二百卷的《唐书》编成了，张昭也因此晋升为尚书右丞。

后汉高祖乾祐二年（949），张昭被加封为检校礼部尚书。

后周太祖广顺年间（951—953），张昭被封为兵部尚书，曾撰写记述后梁郢王、均帝，后唐闵帝、末帝，后汉隐帝时期史实的《五朝实录》。后周恭帝即位后封张昭为舒国公。

宋太祖赵匡胤年间，张昭任吏部尚书，被封为郑国公，后改封为陈国公，又著有《嘉善集》五十卷、《名臣事迹》五卷。北宋开宝五年（972），张昭病逝，享年79岁。

•儒林名宦晁迥•

晁迥，字明远，北宋澶州清丰人，宋学的重要开创者和宋代著名文学世家晁氏家族的奠基人，在政坛、儒林都占有重要地位。

晁迥为太平兴国五年（980）进士，一生任职颇多。历任大理寺评事、工部尚书、礼部尚书、太子少傅等职。宋真宗时，累迁右正言、直史馆，后授官右司谏、知制诰，兼刑部尚书、翰林学士等数职，受命编修国史。国史修成后，被提升为刑部侍郎，直接秉承皇帝旨意。当时朝廷重视礼乐文化建设，诏令多出自晁迥之手，每有事急，晁迥常常在夜间被召入宫问策。

晁迥

仁宗即位后，晁迥被任命为礼部尚书。天圣年间，年过八十、在家养老的晁迥，应邀参加皇上在太清楼的宴请，仁宗免除他行跪拜之礼。晁迥与宰相同坐一起，并接受御赐“飞白体”大字，恩宠不减当年。晁迥虽年老仍心忧朝政。当仁宗询问他《尚书·洪范》中的下雨、阴晴等气象之事时，晁迥直言进谏说：“近年来灾异不断，这是上天警告陛下，希望您整顿朝纲。如能以圣德回报上天，一定能化灾异为吉祥。”并献《斧扆》《慎刑箴》《大顺》《审刑》《无尽灯颂》五篇文章以规劝仁宗。但他并不相信天命，曾对前来咨询占卦的人说：“自然之分都是天命。乐于天命而不忧愁是知命。顺天命而安于常道就行了，何必要以术数来妄测未来呢？”

晁迥是北宋著名的文史学家，一生编著甚丰，计有《翰林集》三十卷，《道院集》十五卷，《法藏碎金录》十卷，《耆智馀书》《随因纪述》《昭德新编》各三卷。

晁迥生病，但拒绝服药，谢绝亲友探望，自己穿好衣冠而去世，享年84岁。朝廷为之罢朝一日，追赠为太子太保，谥号文元。

晁迥的儿子晁宗悫，字世良，承袭父荫为秘书省校书郎。以文章华美著称当时，被赐进士及第，历任馆阁校勘、大理寺丞、集贤校理兼注释御集检阅官等职。晁迥掌管御史台时，他任许州通判。仁宗即位，升为殿中丞，编修皇帝起居注。天圣年间，晁宗悫请求减免贡赋，开垦闲田，慎重选择狱官，考核县令，被迁升为尚书礼部员外郎、知制诰。大臣宋绶说：“自唐朝以来，唯有杨於陵和他的儿子都做知制诰，现在又有晁氏父子，真是不多见啊！”晁迥去世后，晁宗悫被任命为翰林学士，后又升任开封府尹兼龙图阁学士，在断案和平反冤狱上十分知名。

西夏李元昊反叛宋朝，朝廷派去关中的军队不能有所作为。晁宗悫被派到陕西进行安抚，他与夏竦商定了切实可行的攻守策略，未还朝即被提升为右谏议大夫、参知政事。晁宗悫性情敦厚，侍奉父母以孝闻名。他曾带密诏察访边防，向朝廷陈述七项措施，大多被推行。

在今天清丰县阳邵村西有晁迥、晁宗悫家族墓冢四座，面积30余亩，神道两旁原有石坊、石象生，今仅存清嘉庆二年（1797）立的“宋参政晁宗悫公墓”碑残部。

• 杂剧大家宫天挺 •

宫天挺，字大用，元朝大名开州（今濮阳）人，元代杂剧大家。他出身于书香门第，少年聪颖勤学，青年时寄居杭州，经历了南宋从衰败到灭亡的惨烈过程，于是埋头学术，成为远近闻名、学富五车的博学之士，元初被任命为当时浙江的一所大型书院——钓台书院的山长（院长）。后因书院学子对当时人和事不满的议论被人举报，元地方官前来调查，宫天挺认为这些议论纯属学术问题，但他还是被免官审查。当是非辨明之后，朝廷虽未加深究，但对宫天挺也未再任用。宫天挺为人正派，不与贪官污吏同流合污，在政治上终生不得志。死后有人赠以挽词："豁然胸次扫尘埃，久矣声名播省台。先生志在乾坤外，敢嫌天地窄，更词章压倒元白。凭心地，据手策，数当年，无比英才。"意思是说，宫天挺胸怀高远，声名远扬，志比天还高。加上气势压倒元稹、白居易的诗文，善良正直的心地，巧妙高超的手段，在当今可以说是无与伦比的英才。可见他为人之好和在文艺上的造诣之深。他写过六种杂剧，保存下来的有《七里滩》《范张鸡黍》两种。剧中称那些把持知识分子仕进之门的"权豪势要"都是追名逐利、不学无术的无耻之徒，对黑暗现实进行了猛烈的抨击。

《范张鸡黍》讲的是东汉范式与张劭生死友谊的故事。作品在歌颂朋友间真挚友谊的同时，还通过人物之口，对官场、科第、选举的弊端，讽骂讥诮，抨击了官场和仕途的黑暗与险恶，曲词极具艺术感染力。《七里滩》写东汉隐士严子陵的故事。作品通过严子陵轻视功名利禄的隐士生活，表现对现实政治的消极态度；同时，又通过严子陵对光武帝夸耀帝王家富贵的奚落，显示了作者的民主思想。其曲文在揭露官场贤愚不分、黑暗腐败时，具有挺拔壁立之态，雄峻的声势表现得淋漓尽致。语言生动鲜明，直率酣畅，为后世学者所称赞。著名国学大师王国维在《宋元戏曲考》中给予其极高评价，称他在关（汉卿）、白（朴）、郑（光祖）、马（致远）四大家之外，"瘦硬通神，独树一帜"。在元代末年杂剧趋向于衰微、大多数作家严重脱离现实的文坛背景下，宫天挺的作品揭露社会黑暗，表现了积极的现实主义精神，实为难能可贵。

• 蒙族贤哲伯颜宗道 •

伯颜宗道

元、明、清时期，濮阳称开州，属大名路（元）和大名府（明、清）。这是一个主要由少数民族政权入主中原的历史时期。开州地区经受了频繁的战乱。在和平时期，经济文化也获得了巨大的发展。这一时期，具有象征意义的是出现了元代儒学大家伯颜宗道。

伯颜宗道（1292—1358），姓哈剌鲁氏，名伯颜，一名师圣，字宗道，号愚庵，古突厥人后裔。父辈随蒙古贵族征南宋，宋亡，带军籍落户开州濮阳县月城村。

伯颜自幼聪慧，三岁时即能在地上画八卦之形，六岁时能背诵《论语》《孝经》。后师从宋朝进士黄坦数年，通晓经史。黄坦对其褒扬、钟爱有加，赠“颜”姓，名“和”。由于伯颜记忆和悟性都超过常人，没过多久，这位老师感到没有必要再让他在自己身边学习了，便说：“十三经和朱熹的注释这里都有，你拿回去自学吧。”伯颜出师后，开馆收徒讲授，从学弟子“云集村落，寄寓皆满”，“骈集如市”。伯颜之名溢于河朔，妇孺皆知。山东蒙古万户府推举他为校官，他辞谢不就。

元顺帝至正四年（1344），伯颜被征召为翰林待制，并应丞相脱脱之邀，参与编修《宋史》《辽史》《金史》，修成后辞官归乡。后又任江西湖东道肃政廉访佥事，上任不久，又托病弃官归里，继续收徒讲学，并在开州创立了第一家人才教育和学术机构——“颜宗道书院”，求学者达千人之多。书院培养了大量的文化人才。明代开州连续出现了八位都御史和佥都御史（其中的纪著即为伯颜的学生），文化极为兴盛，这和书院对人才的培养显然是分不开的。伯颜宗道为弘扬以儒家为核心的传统文化做出了贡献。

至正十八年，刘福通率红巾农民起义军由河南向河北的濮阳、大名扩展。伯颜本打算组织乡民自保，但义军大兵已到，伯颜只好渡漳河北行，逃到磁州（治今河北磁县）时被义军擒获。伯颜出于对大元王朝的忠诚，拒降自杀，时年63岁。元朝廷追封他为奉议大夫、太常礼仪院佥事，赐谥号“文节”。

•唐兀氏名人崇喜•

中国历来是一个多民族国家，以汉族为主体的民族融合从来就没有间断过。尤其是在周边少数民族入主中原的朝代，内迁诸族纷纷定居中原，与汉族杂居。他们仰慕、学习先进的汉文化，主动与汉人通婚，直到最后完全汉化。可贵的是他们并不是被动地接受汉文化，而是主动地承担起弘扬传播汉文化的责任，为中华文化的传承发展做出了贡献。居住在今天濮阳柳屯镇十八郎村的杨氏家族就是这样一支远近闻名的元代党项族后裔。在杨氏家族的发展史上，四世祖唐兀崇喜要算一位令族人最为自豪，在历史上较有影响的先祖。

唐兀崇喜，亦名杨崇喜，字象贤，元代党项族。其曾祖父唐兀台“世居宁夏路贺兰山”，随蒙古大军攻灭西夏后，入蒙古军籍，为灭金、宋立下了汗马功劳。祖碑和家谱记载，唐兀台跟随忽必烈（元世祖）攻打南宋战略要地湖北襄阳和樊城，战功卓著，颇获封赏，但不幸病亡。其子唐兀闾马虽是一个十多岁的少年，在跟随其父出生入死的战争中也屡立战功，多次得到重赏。

元朝统一中国后，唐兀闾马被分配到开州濮阳县东，“拨付草地，与民相参住”，具体地点是“官人寨东南，十八郎寨两堤之间”。至正十六年（1356）他被朝廷任命为左翊侍卫官，后朝廷又加赠“敦武校尉军民万户府百夫长”。唐兀闾马十分喜欢儒家文化，不仅和当地汉人和睦相处，而且遵从汉人礼仪，鼓励子孙与汉人通婚。他非常注重子孙后代的教育，

唐兀崇喜

"宁得子孙贤，莫求家道富"是他的家训，他一生中资助因家贫失学的寒门子弟多人。到其子唐兀达海，更是以传播儒家文化为己任，开办学馆，招揽人才前来交流讲学。与其父一样，唐兀达海的格言是"欲求家道昌，莫若教子有义方"。

杨氏四世祖即是唐兀崇喜。他是在书香门第的环境中长大的。作为国子监生员，他的学问也颇有长进，并与礼部尚书徐迪交往甚密。年长后，他又与儒学大师伯颜宗道结为儿女亲家。唐兀崇喜深慕儒家文化，取字"象贤"，其十三个兄弟也因象贤之字类推起名。

元代末年，农民起义风起云涌，唐兀氏家族为避免战争冲击，改姓"杨"。至正十三年，杨崇喜在开州濮阳与濮州鄄城之间筹建了一个学馆，并辟地450亩为学馆提供资费。由于杨崇喜为镇压红巾军提供了大量军需资财，至正十八年，元朝政府重奖杨氏一族，并赐学馆匾额"崇义书院"。该书院培养了大批优秀人才，成为中原地区影响较大的大型教育机构。明朝南京吏部尚书王崇庆，北京大理寺卿侯英等人曾在该书院就读。所谓明朝开州"八都三尚书"的形成，无不和崇义书院的文化教育传承相关。

明朝建立后，对定居中原非汉族后裔采取宽容政策。除蒙古皇室罪大恶极者外，不再追究其他非汉族居民的既往过失。唐兀氏就依所改杨姓，在开州濮阳繁衍生息至今。六百多年来，人数众多，已发展成为当地大族。

• 明代开州八都 •

自北宋开始，濮阳作为京畿重地，经济、文化十分发达。经过元、明、清三代的积累和发展，更是达到文化兴盛的巅峰。最具有象征意义的是，明朝开州濮阳县先后有八位名宦任都察院副都御史或佥都御史。

纪著（1311—1383），字周道。元末明初学问家。自幼聪明好学，拜伯颜宗道为师，学问遂成，经史子集皆通。曾任教育部门的小吏，元末战乱时他弃官回乡，并带领乡人避难。明初，州郡争相办学开馆，各地多延请他就任教师之职。洪武十四年（1381），朝廷下诏举遗贤时，受地方推荐，他到朝廷任职。此时虽年已

八都坊

70，但他学识渊博，每次应试都很得体，颇受皇帝赏识，被任命为都察院协院佥都御史。皇帝在政事之暇，经常让他讲论治国安邦之道。他从现实出发，分析鞭辟入里，给皇帝很多启发。可惜的是，纪著只居官两年便去世了。

史褒善（1499—1562），字文直，号沱村。明嘉靖十一年（1532）进士。历任行人、御史、辽东巡按、南京国子监博士、南京吏部主事、吏部员外郎、江西按察副使、浙江参政、河南右布政使、南京都察院右佥都御史提督操江、大理寺卿等职。史褒善文武兼备，政绩卓著。巡按辽东时，他劝农兴学，还平息了一起民变事件，使边境安宁。任上他与同僚一起组织编修了《辽阳府志》。

在提督操江任上，史褒善因地制宜，严密组织，屡次打退倭寇的进犯，并上疏在南京设立不受巡抚节制的专防机构。他所设计的防倭三道防线（出海口防线、地区防线、镇守防线）固若金汤，为保卫明朝江防立下汗马功劳，受到朝廷褒奖。为了长治久安，他还提出了六条切实可行的建议，都得到了朝廷的采纳，江海防务得到了大大加强。随后，他又在瓜州、南京防御战中凭借坚固的城防和出色的指挥大获全胜，倭寇几乎被扫清。后史褒善因朝中一案件蒙冤，虽然事后被洗雪，出任大理寺卿，但不再主持边防事务。不久，史褒善因病卸职归乡，在开州过上了田园生活，但心中一直郁闷不平，直到去世。

侯英（1430—1494），字世杰，号易简斋。其父侯春曾任浙江按察副使。明天顺四年（1460）进士，历任御史、四川按察司佥事、江西按察司佥事、江西按察使、广西布政使、都察院右副都御史巡抚河南、四川宪副等职，以孝贤著称。

天顺八年，辽东等地受灾严重，侯英奉命前往赈灾，为民排忧解难，使民度过艰难时光，恢复生产。辽人怀念他，“立祠以祀”，岁时不辍。宦官汪直横行不法，许多朝臣都望而生畏。侯英大义凛然，上疏指陈汪直的种种劣迹和暴行，赢得朝野一片赞叹声。

侯英事亲至孝，母亡故，与其弟在墓旁守祀三年。其行为感动了上天，相传曾有数千白鸟从早到晚飞鸣于墓的周围，与兄弟俩相伴守墓。

王綖（1477—1537），字诞伯，号龙湫。弘治十八年（1505）进士。历任户部主事，员外郎，卫辉知府，湖广按察副使，山西参政，四川布政使，右副都御史巡抚江西、浙江，大理寺卿，山东左参议等职。王綖为官清正廉洁，不媚上欺下，政绩卓著，赢得了百姓的信任。《明史》说他“宦游三十年，萧然如寒素”。宦官刘瑾权倾朝野，拉帮结派，杀伐异己。王綖不惧淫威，拒绝他的拉拢。在卫辉知府任上政绩颇佳，被提升为湖广按察副使。明武宗死后，明武宗时的八个宦官（时称“八虎”）之一谷大用到湖北安陆迎接朱厚熜即位，侵扰地方，横行不法。当谷大用命令王綖对他行跪拜之礼时，被严词拒绝：“我是朝廷命官，只拜皇上，绝没有拜你的道理。”王綖兄长早年去世，他便将先祖的财产和遗业都给了侄子，深受乡邻赞誉。

李珏（1481—1549），字延重，号后庵，明弘治十八年（1505）进士，历任长洲知县，刑部主事，员外郎，山东副使，浙江右参政，山西按察使，右佥都御史巡抚甘肃、山西，雁门提督，辽东巡抚，大理寺卿等职。李珏少聪颖，从政干练，能力超群，长洲百姓称之为“神君”。

明武宗年间，宦官刘瑾专权，朝政日非，民怨沸腾，揭发或讨伐刘瑾的正直之士多遇害，而李珏毫不畏惧。有一次，因勘察丈量长洲魏国公的田亩实数而得罪了刘瑾，李珏被诬下狱。长洲民众得知后，筹集资金对刘瑾进行贿赂以救李珏。李珏得知后，严肃地说：“大家有这份心意我很高兴，但这样做是给我增加罪过，还是不要这样做。”后刘瑾被凌迟处死，李珏被诬陷的事也真相大白，出狱后被任命为刑部主事，后又任刑部员外郎、东昌府知府、山东副使。

李珏善于断案，在任山西按察使期间，积压多年的狱案经他审慎详察，便很快得到解决。后又任巡抚甘肃的佥都御史，因得罪当地一位权贵而被贬为浔州吏，直到太原边事紧张，朝廷才又重新起用他。在提督雁门诸关、巡抚山西任上，他不仅增设太原、代州等四郡的参将，而且增修边关800余里防线，使得北部国防安如泰山。后又巡抚辽东，守边颇有功绩。李珏升为大理寺卿后不久，回乡病故，朝廷嘉奖他的功德，特公祭安葬，祀为乡贤。李珏著有《东昌府志》九卷。

赵廷瑞，生卒年不详，字信臣，号洪泽。明正德十六年（1521）进士，选翰林院庶吉士。历任户部给事中、刑科给事中、右通政使、右副都御史巡抚陕西、兵部左侍郎、南京户部尚书、兵部尚书等职。曾多次参劾不法大臣及宦官奸党，一生刚直不阿，名闻朝野。

明正德十六年四月，朝野发生了一场“大礼之争”。这一年明武宗去世，因没有子嗣，在张太后的默许下，一些大臣迎立兴献王之子朱厚熜即位，这就是明世宗嘉靖皇帝。明世宗作为藩王继位，该如何称呼明孝宗和明武宗父子成为一个问题。世宗坚持称兴献王（其父）为皇帝，明孝宗为皇伯。“护礼派”朝臣上疏反对，结果134人被下诏入狱，180余人受廷杖，死者16人。以张璁为代表的一批大臣竭力迎合世宗，为嘉靖皇帝追封自己的父母寻找许多理论依据，得到加官晋爵。赵廷瑞对此义愤填膺，大胆上疏揭露张璁得宠后的骄狂，群臣也纷纷助威。随后，赵廷瑞还揭露证实了张璁、齐佐、张仁，以及太监韦霖等人的不法行为，在朝野引起了强烈反响，因此被升任为副都御史，巡抚陕西。三年任期内，他不仅治理了陕西“贼寇”猖獗的混乱局势，而且勤政爱民，不负朝廷所望，政绩卓著，被晋升为兵部左侍郎，后又被调任南京户部尚书。当北方蒙古族人入侵危急之时，朝廷又提升赵廷瑞为兵部尚书，不久，又加太子少保。赵廷瑞去世后，明世宗惋惜地说：“上天夺去了我的一位首辅。”赵廷瑞撰有《陕西通志》，开州祀为乡贤。

吉澄，生卒年不详，字静甫，号山泉。明嘉靖二十三年（1544）进士，历任雒南知县、右佥都御史巡抚辽东等职。吉澄居官清正，轻徭薄赋，体恤民情困苦，为百姓所爱戴。在任御史期间，他不畏权奸阉党，为时人敬重，被赞誉为春秋鲍叔牙、北宋包拯。

吉澄处在朝政日非、首辅严嵩当道的时代，朝廷买官卖官盛行，唯独他出淤泥而不染，保持正直君子的风度，不向权贵折腰。任御史之职的八年间，吉澄虽政绩卓著却未得到提拔，直到严嵩倒台后才升为佥都御史，巡抚辽东。为有效抵御清兵入侵，他修筑城堡、道路，培养选拔将才，屡立战功。晚年病逝于家中。其子吉大同为嘉靖年间进士，有其父遗风，被任命为湖广参议，为民谋福利而不遗余力。父亲死后，吉大同上奏《陈情表》终养祖母，时人誉之为“一门忠孝”。

董汉儒（1563—1628），字学舒，明万历十七年（1589）进士，授河南推官，入朝后为户部主事。当时，明神宗昏庸无能，官吏纵情酒色，机构膨胀，人浮于事，国家形势每况愈下。董汉儒大胆上疏，指陈弊端，要求革除弊政，但没有得到回应。这时，倭寇入侵，战事紧张，他被委任筹办粮饷之事。

之后董汉儒出任山东佥事及山东副使，历任湖广左、右布政使，都察院右副都御史，所在皆有政声。皇帝为赐给福王庄田，责成湖广地区拿出4 400顷，董汉儒以无法再获田地为由，请求每年向福王交纳金银万两来代替庄田租税，结果没有被采纳。楚姓宗族因揭发王族，有50余人被捕入狱，董汉儒上疏说：“这件事牵连太多，应该释放无关紧要的人。”他还为满朝荐、卞孔时等人乞求宽恕，都没有得到回应。为此他心情十分郁闷，辞官归乡。

明光宗即位后，董汉儒应召进京，任工部右侍郎，继而任兵部侍郎，总督宣府、大同、山西军务。明天启元年（1621），辽阳失守，董汉儒选拔精兵两千救援，受到朝廷的褒奖。第二年秋，他以左侍郎的身份处理边关事务，被提升为兵部尚书。当时辽地已经全部失守，董汉儒请求惩罚降将刘世勋等29人家属，立诛逃将蔡汝贤等人，得到允许。当时援辽的军队多逃逸，也有出塞混进民间的，董汉儒上书朝廷请求捕获他们并杀无赦，士兵中相互举报的给予重赏，同时按时供给粮饷。这一措施被采纳，收到了良好的效果。

董汉儒晚年被魏忠贤排挤出朝，死后被追封为太子少保，谥号肃敏。

【知识链接】 八都坊

八都坊，也称"澶渊名阀坊"，位于濮阳老城北大街路中，为纪念明代濮阳籍在朝为官的八位副都御史和佥都御史而立。八都坊始建于明万历四十五年（1617）。建筑为四柱三间三楼柱不出头式石坊，庑殿顶，刻石瓦垅，脊上有石狮驮宝瓶。

兵部尚书苏祐

苏祐（1493—1573），字允吉，又字舜泽，明朝濮州（今河南范县）人，明嘉靖五年（1526）进士，历明世宗、明穆宗、明神宗三朝，先后任广东道御史、江西督学副使、山西参政、大理寺卿及右副都御史、刑部右侍郎、右都御史、兵部尚书等职。苏祐能文能武，颇富将帅之才，又爱好诗文，在文学方面负有盛名，著有《孙子集解》《三关纪要》《法家剖集》《谷原诗文草》《云中纪要》等书留传后世。

嘉靖年间，倭寇勾结明朝奸商集结海盗十万人，南入紫荆关。苏祐疾驰前往，顶风冒雨，日夜兼行，在永安堡与敌交战，五天内杀敌四百余人，敌军逃去。此事奏告天子，皇帝下旨，举国欢庆，祭告天地，通告边防，苏祐被提升为兵部尚书。

当时，苏祐在朝中威望极高，皇帝调他到朝中做官，总兵岳懋失事惧罪，诬告苏祐不请兵饷，苏祐被捕入狱，等查清事实出狱后又遭奸臣严嵩报复被削职，苏祐以此辞官归田，自愿为庶人。

明隆庆元年（1567），苏祐恢复原职。万历元年（1573），苏祐病故。今河南范县王楼乡苏庄东南有苏祐墓。

忠臣廉吏魏允贞

魏允贞（1542—1606），字懋忠，号见泉，明代直隶大名府南乐县（今属濮阳）人。万历五年（1577）进士，历任荆州府推官、许州判官、顺天府丞、右佥都御史巡抚山西、兵部右侍郎等职。

万历十年，魏允贞因在荆州政绩卓

魏允贞

绝升任监察御史。当时，选官考试舞弊严重，先是内阁首府张居正私荐其子，后辅臣吕调阳、张四维、申时行等也纷纷效仿，依仗职权为其子中选大行方便，满朝文武敢怒而不敢言。魏允贞置前程于不顾，上疏直言，指出任选不是择才录用，而是捡了些阁臣子弟和“工谄媚、善奉迎者授之”。不少正直官员支持魏允贞，而万历皇帝怕事态闹大，对其倚重之臣不利，就责怪魏允贞言辞过当，贬其出京，降为州判官。然自此以后，辅臣居位，其子弟没有敢随意登第的。不久，魏允贞又改任南京吏部主事，结识了耿直清正的海瑞，海瑞很佩服魏允贞刚正不阿的秉性，书写了“直言第一”的条幅赠给魏允贞。几年后，魏允贞任顺天府丞，旋晋升为通政司右通政，皆以清正无私闻名。

万历二十一年，吏部尚书孙鑨和考功司主事赵南星发现新科官员中有的属于行私引进，并无真才实学，就秉公处置，予以淘汰。对此，众多官员拍手称快，而内阁辅臣却极力反对。一场廷争过后，孙鑨被免职，赵南星被贬为民，皇上还严令不许为他们说情。魏允贞冒着二次被贬的危险，逆旨上书，替赵南星辩白说：“阁臣护所私，应该受到惩处，却被偏袒；赵南星秉公执法，理当受到支持，却被贬为民。这太冤枉了，太不公平了！”结果，魏允贞第二次被贬出京，皇帝以山西灾乱为由，命他以都察院右佥都御史的身份巡抚山西。

魏允贞在山西显示了其治理地方的才能。他首先组织灾民复业，发展生产，奖励垦荒，打击贪官污吏，任用正直官吏，减免苛捐杂税，一时山西大治。可不久万历皇帝又派其亲信张忠、孙朝做山西矿吏、税吏，以开矿、征税为名搜刮民财，百姓叫苦连天。魏允贞接连十几次上疏，要求停止开矿、征税活动，都遭到朝廷拒绝。这样一来，矿吏、税吏更加肆无忌惮，打死、逼死了一些反对开矿、征税的正直官吏。魏允贞又几次上疏要求惩办凶手，并亲自出面阻止开矿、征税。反对者也上疏诬陷魏允贞违抗君命，煽动晋民反对朝廷。山西一些正直官员和老百姓数千人徒步入京鸣冤，竟没有结果。魏允贞看到奸臣当道，朝政一天不如一天，便毅然辞官还乡。在家乡，他仍然过着清贫的生活，晚年甚至连婚丧嫁娶的钱都拿不出来。万历三十四年，他在忧愤中病逝，享年65岁。山西人民为纪念他，纷纷建立祠堂祭拜。

魏允贞一生为官清廉，常教育自己的子侄：食国家俸禄，理当为国家尽心尽力，不能有半点私欲。他自己更是身体力行："封妻荫子浑不论，廉政洁身是吾求。"对于同僚下属，他也时时告诫"莫爱千金"。在巡抚山西期间，因当地连年荒旱，百姓流离失所，十室九空。他化装成商人，微服入晋，不但拒绝参加为他接风洗尘的宴会，还怒斥官吏无视百姓死活、骄奢淫逸。他还经常亲自或派属僚到各州县视察民情，对下属的吃住用度都严格规定。他的一名佥事因没有受到好生款待而诬陷地方官，魏允贞调查得知实情后，斥责了这名佥事。佥事无颜继续任职，只得辞官归家。魏允贞本人生活也十分俭朴，每天只接受官府按定制配给他的八分银子膳食津贴。朝廷官员来到山西，也按这个标准供应饮食。有人劝他："未免太寒酸。"他回答："何须美食奉上官？"

魏允贞居官三十年，三起三落，博得众多正直官吏和百姓的赞誉，留下了"忠、清、直"的美名，当时就有人称他"清忠不爱爵禄，于古人似汲黯，于今人似海忠介（即海瑞）"。他的一生受到后世历代景仰。

魏允贞与两个弟弟魏允中、魏允孚皆负才学，世称"南乐三魏"，一时传为美谈。

• 清官叶廷秀 •

叶廷秀（1599—1651），字谦斋，号润山，明末濮州叶庄（今属范县濮城镇）人。叶廷秀为人耿直，处事廉明，能文能武，官至佥都御史。

明天启五年（1625），叶廷秀高中进士，先后任南乐、衡水、获鹿三县知县，后升为顺天府推官。叶廷秀上任不久，就发生了英国公张惟贤与民争田的案件。叶

叶廷秀

廷秀经过勘问，发现是张惟贤恃强凌弱、霸占民田，就将所争田地断归于民。张惟贤让御史袁弘勋驳勘，叶廷秀仍坚持原判。张惟贤恼羞成怒，亲自出面上奏朝廷，刚刚即位不久的寄希望于官僚士大夫的精忠能干而“中兴”大明王朝的明崇祯皇帝，就将该奏折批给叶廷秀回答，叶廷秀据实上奏，得到了皇帝的支持，张惟贤无可奈何，终于还田于民。百姓感激叶廷秀为官清正，呼之为“叶青天”。不久，崇祯皇帝升叶廷秀为南京户部主事，后叶廷秀因父母相继去世而归家守孝。守孝期间，叶廷秀体察民情，备知民间疾苦，深谙吏治之弊；守孝期满后，叶廷秀上疏陈述吏治之弊，得到了崇祯皇帝的赏识，复任他为户部主事。

崇祯十三年（1640），日讲官黄道周因弹劾朝廷大臣杨嗣昌被捕入狱，刚正不阿的叶廷秀冒死上疏相救，崇祯皇帝大怒，叶廷秀被杖百下，并被逮捕下狱，一年后充军福建。崇祯十六年，杨嗣昌战败身亡，崇祯皇帝再一次搞朝臣大换班，黄道周被释放。在黄道周等朝中大臣力谏下，崇祯皇帝赦免了叶廷秀，让他官复原职。次年，李自成率农民起义军攻陷北京，崇祯皇帝吊死煤山，叶廷秀未曾复任。

南明福王时，经兵部尚书解学龙推荐，叶廷秀被任命为佥都御史，因遭马士英压制，实授光禄少卿。南明灭亡后，叶廷秀偷偷潜回家乡加入了抗清农民起义队伍榆园军。居太原的大学士傅山听到此事，激动不已，提笔赞道：“山东留得好男儿，遥伏黄冠拜义旗。”

清顺治八年（1651），榆园军兵败，叶廷秀同农民起义领袖任七同时被清军擒获，遇害于东昌（今山东聊城），时年52岁。后人有诗称赞这位惨遭杀害的清官：“濮州清官叶青天，出仕操政人称贤；不畏权势适民意，挺身走险入榆园。最是东昌殉难日，英灵名传数百年。”

在今天范县西南的叶庄东北，有叶

廷秀墓。墓冢坐北朝南，冢前碑石铭文曰“右副都御史润山叶公之墓”。

尚书王崇庆

王崇庆

王崇庆（1484—1565），字德征，号端溪，明代开州（今濮阳县）人，开州“三尚书”之一。王崇庆出身官宦之家，其父王渐斋为沁州知州，其母是开州“八都”之一侯英的侄女。王崇庆自幼聪慧好学，于明正德三年（1508）中进士，初授户部主事，历任沁州通判、登州同知、四川布政使，南京吏部、礼部尚书等职。

王崇庆为官清正廉洁，敢于仗义执言。刑部员外郎宿进因三次弹劾刘瑾专权祸国，得罪了明武宗，被廷杖革职。王崇庆毅然上《救宿进疏》，也因此被贬谪。宦官刘瑾获罪入狱后，他又上《请诛逆瑾疏》，罗列其“害政误国”的罪行，请求将其处死。佘永向明武宗灌输歪门邪道，败坏朝纲；山西总兵李隆勾结指使叛军首领，使都御史许铭被杀，这一系列事件，都被王崇庆一一指出。他直言进谏，要求朝廷诛杀奸邪乱臣，整顿朝纲。嘉靖初年，王崇庆不顾既得利益保守派的反对，对朝政弊端提出了13项改革措施。这些措施大多被朝廷采纳，得到朝廷内外的广泛赞誉。

王崇庆为国尽忠，居家尽孝，为时

【知识链接】

南京看守机构

明永乐十九年（1421）迁都北京后，在南京留下一套看守机构。该机构除没有内阁外，与北京几乎完全相同，有三司、六部、九卿、十二监，以及“二十四衙门”。但在编制规模上远远小于北京。其职能主要是看护南京的城区设施并负责对孝陵的祭祀活动，也兼管漕运、税收等大事。在南京任职的官员，一般是被贬谪的官吏或闲散人员，多有职无权。

人所钦佩。从嘉靖二年（1523）任山西参议开始，他多次请求卸任回乡尽孝。凡在家期间，不论公务再忙，他坚持每天向父母请安，问寒问暖；父母外出、回归，他都要跪着送迎；父母有病，他总是亲自煎药，跪着端茶送饭。居官期间，王崇庆前后告归达二十年。为母守孝期满后，他被任命为河南太仆寺卿，接着又被提升为四川布政使，后又因平定白草藩叛乱有功而被提升为南京太常寺卿、礼部侍郎，直至南京吏部尚书。

王崇庆一生好学不倦，通晓经史，著述颇丰，传世有《古风所著》《五经心义》《山海经释义》《周易议卦》《端溪先生文集》《开州志》等著作。所著《开州志》，是研究濮阳的珍贵资料。明清以来，当地将王崇庆祀为乡贤，民间至今流传着关于他的许多故事。

• 人民教育家高镇五 •

高镇五

高镇五（1880—1966），原名高维岳，“七七事变”后更名镇五，清丰县人。少读私塾，为清末秀才，曾做过私塾教师，又先后在北京师范大学附中、开封高等师范、山西太原国民师范、保定职工学校、开封女子师范、大名第七师范学校任职、任教。参加革命工作后，任冀鲁豫边区参议会参议、行政委员、边区第一师范副校长等职。

1935年，高镇五回到阔别多年的家乡清丰，用自己积蓄的500块大洋在清丰南关建起“维新小学”，招收学生百余名，自任校长兼董事。

抗日战争爆发后，高镇五积极响应中共中央“有人出人，有枪出枪，有钱出钱，有知识出知识”的号召，与晁哲甫、平杰三、赵纪彬等共产党员知识分子一起，以清丰为中心，联络大名、南乐、濮阳、内黄等县筹建了“冀南文化界救国会”，宣传抗日救国道理，发动组织青年学生和群众开展对敌斗争。高镇五等还亲自编写抗日小学教材，发行数县，与此同时，还开办了抗日小学教员训练班，培养了大批抗日教员，又领导全县普遍成立了抗日小学，不少农村还开办了抗日夜校。1939年起，高镇五协助晁哲甫在清丰单拐开办了抗日军政干部训练班，培训了大批抗日骨干。

日伪汉奸妄图利用高镇五的威望，多次纠缠他进城做“维持会长”，高镇五愤怒写下这样的诗句，以示与日伪绝不合作：

头可断，肢可分，清风县城不可进！

头可断，血可流，民族气节不可丢！

头可断，血可淌，维持会长不可当！

1949年9月，高镇五出席了第一次全国政治协商会议，并在大会上发了言。毛泽东主席看到他身穿普通土黄色粗布衣，年过花甲仍精神饱满地发言时，问坐在身边的周恩来：“发言者是谁？”周恩来激动地告诉毛主席：“他就是冀鲁豫边区人民教育家高镇五。”毛主席听后频频点头。会议期间，毛、周特托人送给高镇五一件呢子大衣。

党和人民的无限信赖使高镇五精神更加振奋。他从北京回到家乡后，在近千人的教师训练班上号召全体教育工作者，要“以工作为荣，以教育为乐”“批判旧社会，迎接新潮流，不做守知奴，愿为宣教牛”。

中华人民共和国成立后，高镇五曾任河南省教育厅厅长、省政协副主席。

1956年秋，高镇五上任河南省教育厅厅长前对省委领导同志说：“还是让我去一个中学当校长好，我离不开学校，离不开学生。”他经常说：“如果让我选择职业的话，第一是教育，第二是教育，第三还是教育。”

1955年4月，高镇五以70多岁高龄光荣地加入了中国共产党。他在入党仪式上激动地说：“我是一个曾走上科举道路的封建时代的穷秀才，是一个在旧社会里壮志难酬、到处谋生、潦倒落魄的旧知识分子，是党指引我走上革命道路并把我培养成为共产主义者。我决心要把一切献给党，为党的事业奋斗终生。”他还即席吟诗一首：“七十七岁一老人，今日入党是青春。执教不辞劳和苦，誓为革命献终身。”还把《我的入党感想》发表于《河南日报》。

反右斗争及“文化大革命”期间，高

镇五因莫须有的罪名受到不应有的批判，结果使他当了25年的候补党员。1966年4月病逝时，他用血和泪留下遗嘱：“我死后有两个要求：第一，因为我是个共产党员，我要响应党的号召，把尸体火化；第二，我死后渴望党组织追认我为中国共产党正式党员。”

1981年7月，中共河南省委组织部为高镇五平反昭雪，恢复名誉，将他按期转为正式党员。

• 玉门油田奠基人孙健初 •

孙健初

孙健初（1897—1952），字子乾，濮阳县孙密城村人，我国杰出的石油地质学家，玉门油田奠基人。1927年毕业于山西大学地质采矿系。1928年受聘到陕西省建设厅，从事矿采地质工作。从那时起直到他逝世的24年中，他跑遍了19个省、市，长期坚持野外地质勘查。

孙健初虚心好学，工作勤奋，不论采集岩石标本、记录地质现象，还是整理地质资料、描绘图件、撰写论文和报告，无不亲临现场，身体力行。他学识渊博，事业心强，一生撰写论文、报告30余篇，绘图数十万件，具有很高的学术价值。

他坚持科学，不迷信权威，反对西方学者所谓“中国贫油论”。1937年，他参加了西北矿产试探工作，发现了甘肃老君庙石油地质构造，开始了石油地质学的专门研究。1938年国民政府资源委员会设置“甘肃油矿筹备处”，并于12月派孙健初等前往勘察玉门油田的地质状况。他带领全体工作人员，仅用半年时间，便查明了老君庙、石油河、干油泉、石油沟等地的生油层、储油层和地质状况。他撰写了《甘肃玉门油田地质报告》，要求以老君庙为中心，立即施工钻探。

一滴汽油一滴血

但由于国民党政府的腐败，尽管孙健初四处求援，仍一事无成。正在他束手无策之际，中国共产党向他伸出了援助之手。中共领导人周恩来从陕北解放区的延长油田抽调钻机和工人，支援玉门油田。孙健初亲自主持了玉门油田第一口油井的钻探工作，结果钻探至130米处即见油，日产量达20桶，从此揭开了开发玉门油田的序幕，接着又向其他油区扩大钻探，结果井井见油。这充分证实了孙健初的科学论断——“玉门是一个具有工业价值的良好油田”。

不久国民党政府正式成立甘肃油矿局，孙健初被任命为该局地质室主任，负责西北石油地质研究和玉门油田建设。

1943年，孙健初奉命赴美国考察石油工业。这期间，他撰写的《美国地质概况及其寻究石油之方法》一文发表，对国内的石油地质考察和研究产生了重大影响。

抗日战争胜利前夕，孙健初怀着“光复河山，建设祖国，振兴中华”的希望，返回祖国，立即投入甘肃、青海一带的石油地质勘查，发表了《甘肃文殊山地质》等论著。1940至1948年，他先后写出《西北油田地质说略》《发展中国油矿计划纲要》《如何在钻井下研究石油地质》等论文。在《发展中国油矿计划纲要》一文中，他全面论述了国内石油资源状况，认为准噶尔盆地、柴达木盆地、四川盆地、陕甘盆地和蒙古高原是最有希望的油区，山西盆地是颇有希望的油区，冀鲁平原是有希望的油区。为更好地阐明这一理论，他还编制了一幅《中国石油理想分布图》。这些论断，多数已被中华人民共和国成立以来的石油勘探实践所证实，中原油田的开发就是其中一例。

在埋头研究油田地质理论的同时，孙健初还冒着风险保护了他所掌握的全部石油地质资料和仪器设备。兰州一解放，他就把这些资料和设备完整地交给了国家。1949年8月，贺龙亲笔致书表彰他的这一爱国行动，勉励他为新中国石油工业建设贡献力量。

中华人民共和国成立后，孙健初被任命为中央人民政府燃料工业部石油管理总局勘探处处长、西北财经委员会委员、中国地质工作计划委员会委员，并当选为中国科学院专门委员、兰州市第一届人民代表大会代表。这期间，他以更大的热情勤奋工作，经常亲临西北各油矿和勘探工地，倾听工作意见，了解基层情况，具体指导工作。短短三年内，他领导编制了《西北各重要油田地质图》《全国石油勘探方向图》，发表了《西北石油勘探计划》《中国各主要油田开发远景》等具有全国性指导意义的论文。在1950年召开的全国第一次石油工作会议上，毛泽东主席接见了他，对他为我国石油工业做出的贡献给予了高度评价。今日的玉门油田仍矗立着孙健初的塑像。

•“坠子皇后”乔清秀•

乔清秀

乔清秀（1910—1944），原名袁金秀，河南坠子泰斗级人物，乔派坠子创始人之一。她生于内黄，长于南乐，幼年寄居在大名府外祖父家。自幼随启蒙老师乔利元学唱河南坠子，起初唱些小段，在大名附近各县及邯郸、邢台等地演唱。20世纪20年代，乔清秀在天津十年，发愤忘食，苦练演唱技艺。与乔利元结婚后，在丈夫及琴师康元林、老师潘春聚的精心指导下，吸取梨花大鼓、京韵大鼓、天津快板等民间曲艺营养，在传统的河南坠子唱腔基础上发展革新，从而创造了清新优美、别具一格的乔派唱腔，即所谓“乔口（巧口）”，也叫“俏口”或“小口”，节奏缓急得当，旋律流畅，吐字俏丽，行腔明快婉约，嗓音纯净甜润，尤重高中低音的变化运用，既有大鼓书里的“京口味儿”，又不失中州的尖团音。乔清秀的艺术“盖”了河南，轰动了京津，她本人也赢得了“坠子皇后”的桂冠。

乔清秀始终坚持“认认真真卖艺，清清白白做人”的原则。18岁那年，她在东昌（今聊城）演出，某军阀的一个团长叫堂会，要她点烟沏茶，她理直气壮地说：“俺是庄家玩艺儿，既不会递烟，也不会倒茶，只会说书。叫唱就唱，不叫唱就走！”说罢拂袖而去。在济南进德会和松菊园演出时，恰逢韩复榘为他父亲做寿，乔清秀被叫去唱堂会，她故意将一条辫子分成两条，穿黑挂皂，辫梢上扎白头绳，以此拒绝演唱。1940年新春，乔清秀在奉天（今沈阳）演出，伪满宪兵多次“邀请”她去陪酒助兴，她都嗤之以鼻，软抵硬抗，敌人恼羞成怒，害死了她的丈夫。乔清秀经受不住这一沉重打击，最终精神失常，1944年从奉天回家后不久病故，年仅34岁。

乔清秀一生短暂，却给世人留下了优美绝伦的坠子艺术演唱精品。她的不少优秀唱段如《玉堂春》《蓝桥会》《杨家将》《包公案》《洛阳桥》等，先后被天津、上海数家国内外唱片公司灌制320余部。

• 无产阶级革命家段君毅 •

段君毅

段君毅（1910—2004），山东省濮县（今河南范县）人。早年在山东聊城省立第二中学读书，受进步思想影响，1931年初中毕业后即赴北平求学，同年9月参加中国共产党领导的“中国社会科学家联盟北平分盟”，从此走上革命道路。1932年夏，他考入北平中国大学政治经济系后，参加了中华民族武装自卫会和土地问题研究会等进步组织，积极宣传马克思列宁主义和抗日救国的思想，先后参加了北平学联组织的南下扩大宣传团和“一二·九”学生爱国运动。1936年3月加入中国共产党，先后任中共中国大学支部书记、北平市西区区委书记，开展党的地下工作。同年10月赴上海，任中国学生救国联合会（简称全国学联）执行主席，并负责编辑出版全国学联机关刊物《学生之路》，领导学生运动。1936年11月22日，国民党反动政权以所谓“危害民国罪”逮捕沈钧儒等7人的“七君子事件”发生后，他带领全国学联同全国各界一起，支援宋庆龄等人发起的营救运动，同国民党的倒行逆施作坚决的斗争。

1937年12月，段君毅赴延安参加中共

中央党校学习，后被派往山东抗日前线，任中共泰西特委书记、泰西行政委员会主任，组织发展抗日武装力量，开辟泰西抗日根据地。他坚决贯彻执行党中央和毛泽东同志制定的各项方针政策，调整加强了地区自卫团领导班子，并改编为八路军山东纵队第六支队；组织建立了泰安、肥城、长清、平阴、阿城、汶上、宁阳等县的县委，以及部分区委和乡、村党支部；建立了中共领导的6个抗日民主县政府，在泰西地区建立了动员委员会、自卫队、农民协会、工会、青救会、妇救会和儿童团等群众组织，完成了整军、建党、建政的任务，极大地激发了群众的抗日热情。

1939年8月后，段君毅先后任八路军一一五师独立旅副旅长，鲁西军区副司令员，鲁西行署副主任、主任，冀鲁豫行署副主任、党组书记，中共冀鲁豫第二、第八地委书记兼军分区政治委员，中共豫东（水东）工委书记，冀鲁豫军区豫东指挥部政治委员。在十分恶劣的环境下，他坚持和巩固抗日根据地，主持制定了《整理田赋地亩暂行办法草案》，努力保护农民利益和抗战积极性；组织建立生产、消费、信用合作社，开办小型民用工厂，积极发展公私贸易，扶持农副业生产，自力更生发展经济，有力地打击了敌人的经济封锁；在敌后建立游击根据地，对日伪军进行有力的斗争，参与指挥了陆房、苏村和菏泽等战斗，身负重伤，为抗日战争的胜利做出了重要贡献。

1945年10月，段君毅任晋冀鲁豫野战军第六纵队政治委员，组织部队回击国民党进犯晋东南解放区的战斗，取得了河北武安峭河、山西白圭、晋城，河南安阳北作战的胜利。1946年4月后，他任冀鲁豫行署主任、晋冀鲁豫军区后方战勤总指挥部司令员，组织民兵、民工参战，筹集供应粮秣，组织运输队、担架队运送弹药和给养、转送伤员和清扫战场，为野战军作战提供了有力的战勤保障。同时，他认真总结陇海、定陶、巨野、鄄南等重大战役战勤工作经验，主持制定了《冀鲁豫区参战支前条例》等条例、条令，为在极端艰苦的条件下长期支援前线提供了有力保证。根据中央指示，他还参与了由周恩来同志领导的国共两党的“黄河归故”谈判，迫使国民党接受了我党的部分意见，达成了《菏泽协议》《上海协议》。在国民党违背协议的情况下，他及时组织冀鲁豫边区20万民工进行浚河复堤，抓紧抢修和整治故道堤坝，避免了解放区数百万人民在黄河重归故道时生命财产的严重损失。

1947年，晋冀鲁豫野战军挺进大别山后，段君毅任中共鄂豫区委书记兼军区政治委员，参与开创大别山解放区的斗争。1949年2月任第二野战军后勤司令部司令员兼政治委员。他采取因地制宜、上下配合、群策群力等有效措施，积极筹备渡江作战所需的船只和军需，保证“要粮有粮、要人有人、要船有船”，为完成“打过长江去，解放全中国”的历史使命做出了积极贡献。南京解放后，他任南京军事管制委员会委员兼财经接管委员会主任，按照军管会的统一部署和分工，有步骤地接收国民党政府的财经机构。同年6月，第二野战军接受进军西南任务后，为确保完成大进军的战勤任务，他组织研究运输方案，及时补充兵员，提供所需物资，为解放大西南做出了重要贡献。

中华人民共和国成立后，段君毅先后任中共重庆市委常委，市军事管制委员会委员，市财经接管委员会党委书记、主任，西南军政委员会财经委员会副主任兼工业部部长、党组书记；1952年8月，段君毅任第一机械工业部副部长、党组副书记；1978年，先后任铁道部部长、党组书记及中共河南省委第一书记、省革委会主任、省军区第一政治委员。1981年1月至1984年5月，段君毅任中共北京市委第一书记、北京卫戍区第一政治委员。1982年9月，段君毅任中共中央顾问委员会常务委员。2004年逝世时，中共中央称其为“无产阶级革命家，我党政治工作杰出的领导人”。

寻根问祖

——叶与根的絮语

中原地区是中国历史上率先发展起来的地区，作为出身符号的姓氏也大多在这里起源。作为诸多原生性姓氏的发源地，河南成为迎接拜祖者最多的省份。濮阳也不例外。据不完全统计，源于濮阳的姓氏有30多个。其中张、孙、石、顾、韦、戚、康、史、卫、宁、柳等大姓，源流最为清晰。而苏、杨二姓的形成又颇具传奇色彩。

• 源于濮阳的姓氏 •

■ 张

“张”姓是列在百家姓前几位的中华大姓之一。居住在世界各地的张姓居民约7 500万。关于张姓的起源，最早见于古书《世本》：“张氏，黄帝第五子青阳生挥，为弓正，观弧星始制弓矢，主祀弧星，因姓张氏。”意思是张氏始祖是黄帝之孙（有的文献说是黄帝之子）挥公。另据史载，挥公之父玄嚣青阳氏居住在古清河一带。而清河在濮阳，今天仍有“清河头”的地名。

张氏的起源包含着一个生动的传说。我们知道，农业生产最为重要的是农时，农时不准会导致庄稼颗粒无收。原始先民为了确定时间，发明了观察天象的方法，称为“观象授时”。北斗七星即为最早的授时坐标。弧星，由九个星组成，因形状像弓而得名，位于天狼星东南。挥公在农闲时候想必也经常观察天象，受弧星形状的启发，经过不断的试验，发明了弓箭。作为远距离射杀武器，弓箭显示了极大的威力。古人认为这是受天的启发而产生的智慧，所以由挥公对弧星定时祭祀。在上古时代，工具的发明往往具有神奇的背景。没有文字，更没有科学理论总结，因此生产经验只能靠操作演示彼此相传，成为“秘方”。黄帝就让挥公担任“弓正”的官职，以推广和改进弓矢技术。挥公观弧星制弓矢的传说正说明“张”姓作为姓氏的原生性特征，即最初是由氏族或部落的徽号演变而来的。

挥公墓园

1994年10月，张姓起源专题学术讨论会在濮阳召开。参加会议的考古、民俗、历史等方面的专家对张姓的起源进行了广泛而深入的论证。

张

1995年3月，为适应海内外张姓后裔寻根祭祖的需要，濮阳县人民政府建立了挥公墓园。民间还成立了张氏宗亲会，前来拜祖联谊的张姓后人数以万计，他们为祖地的经济建设做出了重大贡献。

■ 孙

“孙”姓有多个源头，其中最为重要的一支源自濮阳。《元和姓纂》载，周文王第八子康叔为卫国国君，其八世孙卫武公和，因帮助周攻灭西戎，被周平王赐为公爵。武公有个儿子叫惠孙，惠孙生子名耳，为卫国上卿，食采于戚邑（在今濮阳市）。耳生子名乙，字武仲，武仲以其祖父的字命氏，就是孙氏，因此他又叫孙仲。孙仲的子孙世居戚城，是为河南孙氏。戚是卫国大夫、王室宗亲孙氏世代采邑。孙氏宗族地位显赫，权势炙热，左右着卫国的政局。前后有孙耳、孙林父及其子蒯、嘉、襄。孙氏历史上人才辈出，有军事家孙武，政治家孙权、孙中山等。

孙

■ 石

石姓出自春秋时期的卫国。卫国有贤大夫石碏，是卫国初封之君卫康叔之六世孙靖伯的孙子，名为公孙碏，字石，所以文献又称之为石碏。州吁杀其兄卫桓公而篡夺君位，其帮凶即石碏之子石厚。为了取得国人的支持，二人决定请求石碏帮助。石碏建议二人先到陈国，让陈国国君向周王推荐州吁（当时陈国和周王室关系密切）。然后，石碏让陈国将州吁和石厚控制住，最后将二人除掉。史书称之为“大义灭亲”。石厚的儿子名骀仲，以祖父的字为氏，就是石氏。

石

■ 孔

黄帝之子，二十五宗，其得姓者十四人，为十二姓，其中有姞姓。据《古今姓氏书辩证》：“春秋时卫有孔氏，出自姞姓，世代为大夫。”孔悝是春秋后期卫国名臣。今濮阳有以他命名的古城邑遗址——孔悝城遗址。

孔

■ 戚

戚姓是以居住地而命氏的姓氏，起源于戚城。春秋时卫国大夫孙林父受封于戚（今河南濮阳戚城），其后遂以邑为姓。

关于戚姓的来源，《万姓统谱》上

有这样的记载：卫大夫孙林父食采邑于戚邑，其支庶以为氏，望族生活在东海。戚姓源自春秋时期卫国的戚邑，即以封地为姓，后来，其子孙支系逃往东海，成为山东、江苏两省交界处东海的望族。“戚”在《春秋》经传中共出现40次。现在濮阳市有戚城遗址。

后世戚姓名人有汉高祖的妃子戚夫人，明朝的抗倭大将和军事家戚继光。

顾

范县，夏朝时为顾国，后为商汤所灭，其族人散居各地，仍以原国名顾为姓。宋《太平寰宇记》云：“故顾城在县东南二十八里，夏之顾国也。”《诗经》“韦顾既伐，昆吾夏桀”中的“顾”即此地。

顾

观

夏朝同盟国名，在今清丰县东，观国的后代以国为姓。

五鹿、鹿

五鹿，春秋卫邑，今名鹿城（在今濮阳县南），卫大夫食邑，后代以五鹿、鹿为姓。

铁

铁丘，在濮阳老城北。春秋为卫邑，古代居住在此地的人以铁为姓。

蒯

出自春秋时期的卫国。卫庄公名蒯聩，初为太子时，欲杀灵公夫人南子，不成，奔晋国，后回卫国，良夫、孔悝立其为卫君，后被晋军所推翻，被杀。蒯聩的后代子孙以祖上名字为姓，遂为蒯姓。

辄

出自卫出公辄之后，出公辄为卫庄公蒯聩之子。蒯聩为太子时因谋杀卫灵公夫人南子未遂，奔晋避难。灵公卒，立蒯聩之子辄为君，是为出公。

聂

春秋时卫大夫食采于聂，其后以地名为姓。《春秋》：“僖公元年，齐师、宋师、曹师次（驻扎）于聂北，救邢。”清丰县旧志载，县北有聂城，即今清丰县高堡乡南、北聂城。

瑕

《风俗通》载：古有复姓瑕丘氏，

春秋时鲁桓公庶子食采邑于瑕丘（今濮阳仍有瑕丘）而得姓，后省去“丘”，产生“瑕”姓。

昌

昌姓起源于“五帝”之黄帝。黄帝之子为昌意，昌意之子为颛顼，今濮阳南乐县西北有昌意城，相传是昌意部落聚居的地方。昌意之子颛顼即帝位后建都帝丘（今濮阳），为高阳氏。高阳氏其中一子以祖父昌意之字命姓，遂有昌姓。

柳

春秋鲁孝公生子夷伯展，其孙无骇以祖父之字展为姓。展无骇生子展禽（名获，字禽）为鲁国大夫，食邑柳下，世称柳下季，后谥号惠，子孙便以柳下为姓，后又去“下”字，为单姓柳氏。柳下即今濮阳县城东45里柳屯镇一带。

柳

北宫

春秋卫成公的曾孙扩世代做卫国的卿，参与国事，长期住在宫廷中的北宫，他的后代便以他曾居住过的“北宫”为姓。

咸丘

春秋卫邑，在今濮阳县东南，古代居住在这里的人以咸丘为姓。

延丘

延丘，春秋卫邑，在今濮阳县东南，古代居住在这里的人以延丘为姓。

昆吾、昆、吾

《通志》载：夏朝有已姓诸侯国昆吾（在今濮阳），是夏朝的主要邦国。其后以国名为姓，形成昆吾姓、昆姓和吾姓。

濮阳、濮

五帝之一“虞舜”的子孙散封于濮地，其后代遂以地名为姓，形成濮姓；春秋时，卫国有大夫封于濮（今濮阳市濮城），其后以封地为姓，称濮氏。

濮阳为复姓，起源于战国时期的地名“濮阳”。濮阳姓望族居平陵（今山西文水县）、博陵（今河北深州、安平一带）。

卫

卫姓出自西周时的诸侯卫国（都今河南省淇县，后

卫

迁濮阳）。卫国后来亡于秦国，原卫国王公遗族有的以原国名“卫”为姓。

除以上所列姓氏外，在春秋时期定都于濮阳的卫国还有许多大姓卿大夫，如宁氏、蒯氏、栾氏、元氏，他们显然是宁、蒯、栾、元这些原生性姓氏的最早起源。但春秋以后，由于贵族制度的衰落，有关这些大姓的发展繁衍都不可稽考了。

名门望族

从魏晋南北朝到隋唐，重视门第观念的士族制度导致了许多名门望族的产生，并对以后的历朝历代产生了深刻影响。据不完全统计，在今天濮阳的五县二区上溯到北宋的家谱就达100多部，其中不乏名门望族，这里列举说明。

• 名宦世家——唐代“万石张家” •

在唐代的昌乐县（今南乐），张姓名人辈出，除“名人扫描”部分介绍的张公谨一家外，还有被人誉为“万石张家”的张文琮家族。这一家中有五人官至三品，他们是张文琮及其弟张文瓘，其堂弟张文收，其子张戬、张锡。

张文琮，贞观年间人，历任治书侍御史、亳州刺史、户部侍郎。为政清简爱民，为百姓所称道。他在做建州（治今福建省建瓯市）刺史期间，大胆革除了当地百姓沉溺于迷信活动而荒废正常生产的陋习，促进了当地经济的发展。韦后临朝，诏赐张文琮同中书门下三品，累封平原郡公。传世有文集二十卷。

张文收，精通音律，任协律郎。贞观年间，他为朝廷制定了庙堂祭祀音乐，对古乐进行了整理。贞观十四年（640），由他制作的《景云河清》乐曲，成为朝会的首奏曲目。他的著作有《新乐书》十二卷，官终太子率更令。

张戬，官至江州刺史，知名礼学家，

张氏家谱

著《丧仪纂要》七卷。

张锡，武则天时为凤阁侍郎，同凤阁鸾台平章事，与其外甥李峤相继居相职。唐中宗时升为工部尚书，兼修国史。累封平原郡公。

在今天南乐县生活着数以万计的张姓后人，虽然有的已经不能弄清家族的谱系，但都以是唐代张姓后人而自豪。

• 文学世家——北宋晁氏家族 •

在中国历史上，一门三代人同时居朝廷重臣之位，并在百年间形成名门望族的并不多，宋代的晁氏家族就是其中之一。晁氏家族一般将西汉时期的晁错视为先祖，到北宋时期，晁迥、晁宗悫、晁说之三代连续官居朝廷要职，而且是五世八进士，“科第乡贤凡三十有七”，人称“晁半朝”。直到近代，其后人中还有著名革命家晁哲甫[1]。

晁氏是宋代著名的衣冠盛族、文学世家。在北宋党争和徽宗朝黑暗统治的环境下，晁氏深厚的家族传统和家族文化成了文学表现的重要内容和激发文学创作的重要动力，展示出宋代家族文学的特有魅力。文人学士中的怀祖情结、家族荣誉和清正家风得到弘扬，浓厚的宗族亲情和批判现实的创作精神得到充分展现。两宋至明代，晁氏文人的仕宦人生和文学创作都呈现出鼎盛局面，产生了以晁迥（951—1034）、晁补之（1053—1110）、晁端礼（1046—1113）、晁说之（1059—1129）、晁冲之（？—1126）、晁公武、晁瑮、晁东吴等为代表的一大批显宦和文人学者。

宋代以后，晁氏家族的社会影响力下降，但其生命力是旺盛的。直至今日，山东巨野县附近的郓城县和菏泽市、河南濮阳市清丰县都有晁庄，人口数以万计，他们还藏有多种版本的《晁氏宗谱》。在战乱频仍的社会环境下，族人流寓四方，但家族成员多受到当地宗族的照应和收抚，这是直至今日晁氏家族仍人丁旺盛的主要原因。

---

① 晁哲甫（1894—1970），又名晁蛰夫，清丰县六塔集人，1927 年加入中国共产党，历任中共清丰县委书记、晋冀鲁豫边区人民政府教育厅厅长、华北人民政府教育部部长、平原省人民政府主席和山东省副省长等职，中央七大、八大代表。1956 年，他从自己积蓄的 1.2 万元中，一次拿出 8 000 元交了党费。

文武兼备——明清澶东郭氏家族[1]

在今濮阳县梁庄乡、胡状乡、鲁河乡、文留乡和滑县的四间房乡共5个乡镇40多个村庄分布着一个9 000人的郭姓大家族，明清以来，该族名人辈出，如该族《家谱》所称“文称翰苑之秀，武擅鹰扬之奇”，成为濮阳一带的名门望族之一。

澶东郭氏是元代蒙古族名臣、节义之士郭庸的后裔。《元史·忠义列传》记载，郭庸字允中，蒙古族，国学生出身，曾任陕西行台监察御史，因联合12位大臣弹劾也先帖木儿兵败丧师之事而被贬任中兴总管府判官。元至正十五年（1355）三月，中书右丞哈麻联合其他大臣列举脱脱、也先帖木儿兄弟二人的罪状，共同上疏并要求为前弹劾之事平反。12位大臣被复职。郭庸任监察御史，后升为中书省参知政事。至正二十七年（1367）十一月，朱元璋以徐达为征虏大将军，率军20万北取中原。至正二十八年（1368）八月，元顺帝逃回上都，京都被攻陷。八月二十日，徐达将俘虏的元朝大臣召集到齐化门劝降，郭庸也在其中。明军让他们行跪拜之礼，郭庸说：“臣各为其主，死自吾分，何拜之有！”遂被杀。

郭庸死后，其妻金县公主毁容易服携孤南逃至今濮阳县梁庄乡张温村定居。为了自保，母子二人隐瞒身份，遵从汉俗，最后完全汉化。其后代历时600余年，至今已延至24代。现有记载家族传承的《澶东郭氏家谱》一部。

据家谱记载，金县公主是元顺帝的女儿，虽为蒙古皇族，但对儒家文化十分钦慕，不但倾心学习，而且模仿汉族礼仪。郭庸死后，她含辛茹苦，白天耕种，晚上教子。子郭贤成年后，娶汉人为妻。朱元璋登基后，对元朝忠臣与苗裔大加奖赏以励臣节，郭庸自在褒扬之列。二世祖郭贤“资质明敏，相貌出众”，在母亲的指导下攻读诗书。受“父母在，不远游”的儒家训规影响，虽学富五车，但始终未入仕做官。母亲死后，他用银铸成父亲像与母亲合葬。郭贤的12个子孙中有贡生1人，庠生3人；任通判1人，典史官2人。又据《开州志》和家谱记载，自明天顺时期至清光绪时期的400多年间，澶东郭氏一族共考取举人10人，其中孝廉1人，武举4人；考

---

① 改编自田聚常《蒙汉民族融合的又一例证》，载于《龙乡纵横》2008年第1期。

取贡生10人；在朝为官的16人；另外还有廪生6人，增广生3人，太学生6人，庠生23人。

明清以来，无数士人高官都以各种不同的方式关注澶东郭氏家族，或赠诗赞誉，或为其家谱作序、家庙题联，以志纪念。

• 人才辈出——明清苏姓家族[①] •

在今濮阳市境内生活着一支苏姓族人，保留有《蒙古濮阳苏姓族谱》。该族谱清楚地记载了濮阳苏姓的源流：始祖为苏克明，元太祖成吉思汗六世孙（其世系为：成吉思汗—拖雷—忽必烈—脱欢—宽彻普化—苏克明）。

苏克明生于元天顺元年（1328），随父兄居武昌，幼习骑射，文武兼备。至正十三年（1353）奉诏进京为元顺帝侍从，统五卫亲军。至正二十五年（1365）秋，因功晋封义王兼统五卫亲军。至正二十八年（1368）闰七月下旬，明军进攻元大都，顺帝携后妃、太子等逃出建德门。义王苏克明也混出京师，到濮阳隐居。因当时人们痛恨蒙古人，他们便隐瞒了蒙古皇族及亲王身份，改名苏克明，意思是“克明复元”。此后，苏姓人入乡随俗，融入汉人之中。至于为什么改姓“苏”，有三种说法：一是当年苏克明被围堵在药材地里，士兵问其姓名，苏克明指了指身旁的苏子棵（一种药材），后遂以苏为姓；第二种说法是苏克明定居濮阳后，拥兵自保，当听说淮南王殉难后昏厥过去，良久苏醒，自改姓苏；第三种说法是以蒙古人的军旗和军徽“苏力德”为姓，以志永远不忘自己的民族。

苏氏家族定居濮阳后，极力垦田，并教子孙钻研儒学，攻读诗文，耕读传家，要求十分严格。

在今天的山东鄄城苏老家、北王召（明清为濮阳所辖）有苏氏宗祠，宗祠正门对联：“基开蒙古有元世，家传基业占濮阳”，“昔实元朝君亲，今为苏氏始祖”。最近该地还出土了一批石碑和石雕。碑文清晰地记载了明朝初年苏氏家族隐居濮阳、繁衍生息的情况。现在的苏氏家族仍保留有蒙古族的某些风俗习惯，如：用蒙古语给小孩起名；尚武并习元太

① 改编自田聚常、苏晓静《濮阳蒙古族苏姓考源》，载于《龙乡纵横》2009年第1期。

祖拳；家庭实行蒙古族的古老婚俗“族外婚”，苏姓之间绝不通婚。每逢春天来临，则祭祀敖包，或在正月里围绕一片空地自右至左转圈。他们忌讳过中秋节，因为历史上有“八月十五杀鞑子”的传说。苏氏人在这一天也买月饼，送月饼，但不祭月，不祝贺。逢宗祠大典邀戏班演出，禁止上演《兵困马家寨》《反徐州》，因为前者是歌颂元朝末年的叛臣耿殿臣，后者是歌颂明朝反元英雄徐达的。

明清以来，濮阳苏氏名人辈出，入官为宦者众多，成为濮阳名门望族。据不完全统计，明清两代，苏氏族人考取进士5人、举人9人、贡生36人，入仕为官490人。苏克明五世孙苏祐为明嘉靖丙戌进士，累官至资政大夫、兵部尚书、都察院右都御史。在学业方面，苏氏族人有增广生98人、太学生19人、庠生207人、监生87人、武生37人。

从1368年苏氏定居濮阳至今历29代640余年。如今的濮阳苏氏家庭已繁衍分布在河南、山东、江苏、山西、河北、安徽、台湾等省市，其中还有移居美国、加拿大、日本、英国等国家的，总人口达8万。

【知识链接】

源于濮阳的安徽绩溪胡氏①

西晋末年发生了“八王之乱”，石勒起兵反叛，南侵并占领中原。315年“秋七月，石勒陷濮阳”，中原官员相携南逃。幽州、冀州、青州、并州、兖州及徐州淮北流民，越过江淮，“避乱江左”，“人口南移不下九十万人”。作为皇帝近臣的散骑常侍胡焱家族就这样由兖州濮阳去了淮南。为了安置这近百万官员百姓，东晋王导制定了侨置法，在南方士族势力较弱的地区设置侨州、侨郡、侨县。“元帝侨置兖州，寄居京口。明帝以郗鉴为刺史，寄居广陵，置濮阳、济阴、高平、太山等郡”。“元帝渡江，于广陵侨置青州”。于是广陵就有了同时侨置的两个州：兖州和青州。也就是说，广陵是兖州也是青州。同时被合置一地的还有其他州。青州是东晋王导、王敦的家乡，在广陵势力强大，于是便只称青州。原来的“兖州濮阳”在这里就变成了“青州濮阳”。

概言之，胡氏西晋末年族居兖州濮阳，东晋初年由濮阳迁徙到当时的广陵，即现在的江苏省淮安市淮阴区，又于337年迁到了安徽绩溪。

---

① 张满飚《绩溪胡氏源濮阳》，载于《龙乡纵横》2009年第2期。安徽省绩溪县有一胡氏望族，该族宗祠前胡氏宗族源流碑记载：“东晋散骑常侍胡焱镇守歙州，游华阳，羡龙川‘东耸龙峰，西峙鸡冠，南则天马奔腾而上，北则长溪蜿蜒而来’，山明水秀，风光旖旎，遂于咸康三年（337）举族从青州濮阳迁此定居。”

古城印象

——绵延不断的文脉

在濮阳老城十字街中央矗立着始建于明代的四脚牌楼。四面匾额分别题写“颛顼遗都”“澶渊旧郡”“北门锁钥”“河朔保障”，简洁而生动地概括了濮阳的悠久历史和古城风貌。

·颛顼遗都与北门锁钥·

说到濮阳的建城史，一直可以追溯到6 000多年前的华夏文明起源时期。史书《左传》中就记载了鲁国一位史官的话："卫国是五帝之一颛顼生活的地方，所以称为帝丘。"以后历代相传，都把濮阳一带称为"颛顼遗都"或"帝丘"。颛顼是黄帝的孙子，深沉内向，计谋颇多，通晓事理。他能因地制宜种植谷物，又能根据天象划分出一年四季，能按照祖宗神灵的旨意指导人们的行为，以阴阳五行的原则教化人民，使人们在祭祀时做到祭品洁净、态度虔诚。他在这里改革社会体制，影响尤为深远。此外还有"五帝"之帝喾、尧、舜在这里活动的传说记载和纪念胜迹，如距离濮阳城区西北15公里的颛顼帝喾陵，范县境内尧的儿子丹朱的墓地，濮阳县境内颛顼的儿子和女儿的葬所——太子墓和皇姑坟等。令人称奇的是，这些上古传说都和考古遗址相联系。这些遗址丰富的出土遗物、遗迹不仅能够与先民们生产、生活的轨迹相印证，而且这些遗址就是后来"都""邑"之类城市形态的雏形，构成了濮阳古城的历史文化之根。位于老城西南角的西水坡遗址就是其典型代表。

西水坡遗址面积约5万平方米，其考古遗存经碳-14测定距今6 000多年，与五帝时代相当。单就这遗址规模来看，与同时期的遗址相比已经够得上"都"的水平，最为重要的是出土了三组用蚌壳摆塑的龙虎图案墓葬遗迹，更加确认了墓主人"至高无上"的地位。三组蚌图彼此相距25米，在如此巨大的空间内举行葬礼和祭祀仪式，在同时代的中国考古史上也是绝无仅有的，似乎只有伏羲、颛顼、帝喾，抑或是其他任何一位中华先祖才可以享受如此隆重的祭奠。因为中华远古史早有"黄帝骑龙升天""颛顼乘龙至四海""帝喾乘两龙而游"的传说。而第三组中的人骑

濮阳古城

龙图案则又分明在描绘墓主人灵魂升天的壮丽景象。此外遗址中还出土了大量陶鼎，硕大无比，也为同时代所罕见。无怪乎专家们异口同声地惊呼其有“王者之气”“都邑之象”，称龙虎墓为“中国第一王陵”，称龙图像为“中华第一龙”。那么西水坡遗址不是“都”又是什么呢？2009年，中华炎黄文化研究会结合我国专家的意见，郑重命名濮阳为“华夏龙都”。

夏商周时期，濮阳处在“河济之间”，河水和济水两条河流孕育了众多的古城，使这一地区成为三代时期文明的核心，正如国学大师王国维所说：“夏自太康以后，以讫后桀，其都邑及他地名见之于经典者，率在东土，与商人错处河、济间，盖数百岁。”（《殷周制度论》）但由于黄河的泛滥改道，古城一直处在诞生、废弃的循环变动之中。考古发现这一时期的大量古城遗存就是明证，如高城、咸城、戚城。整个三代时期，这里一直是东夷部族文化和中原华夏部族文化的结合交汇地区。此后2 000多年里，濮阳作为中原东西南北交通的轴心地带，王朝常在这里设郡置县。每当阶级矛盾和民族矛盾处于尖锐状态时，这里就成为军事争夺的战场，从春秋战国时期的诸侯争霸到秦汉以后历朝历代各种政治势力的较量，史不绝书。

澶州古城墙遗存

濮阳古城的诞生一直要追溯到唐末五代时期。那时，后梁与后唐军事争夺大小20余战。后梁贞明五年（919），出于军事防御的需要，后唐澶州守将李存审在黄河德胜渡口夹河筑栅，并在黄河两岸修筑南北二城。不久，又扩建了北城，以囤积粮草和驻扎军队。当时城墙周长12公里，形状南直北拱，形如卧虎，俗称“卧虎城”，这是澶州城的前身。自后晋石敬瑭割让燕云十六州于契丹后，中原地区在北方的屏障便消失殆尽，黄河以北无险可守，契丹军队可以朝发夕至。后晋天福二年（937），澶州升为防御州，天福九年（944）又升格为镇宁军节镇。天福三年（938）州治也由顿丘（今清丰县境）移至夹河。后周世宗即位之前也曾长期驻守于州城。北宋伊始，中国处在北方游牧民族政权和中原汉族政权力量均衡的对峙时期，濮阳所在的澶州成为东京汴梁城的“北门锁钥”。“守内虚外”的国策使宋廷采用纵深防御的战略，更加凸显澶州作为河防要津的政治、军事地位。朝廷不仅谨慎选择心腹重臣镇守它，称为“北辅”，而且将其行政建置由原来的“州”升为“府”，“开德府”成为护卫北宋京城的四府之一。北宋一朝，澶州一直是重要的屯兵和战备物资基地。

北宋时期发生了史称“澶渊之盟”的重要历史事件，濮阳古城也因此载入史册。宋景德元年（1004），辽兵大举进犯北宋，长驱直入到达澶州城下，首都汴京一片恐慌。在主战派宰相寇凖的力劝下，宋真宗御驾亲征。宋军看到皇帝亲临战场，群情振奋，一举击退辽兵，双方签下和约，史称“澶渊之盟”。和约签订后，真宗作《回銮诗》一首，并亲笔书写，立石于澶州城内，这就是后来的“回銮碑”。该碑位于今濮阳老城御井街，无帽，长方形，现仅存上半段。碑通高2.9米，宽1米，厚0.3米。碑文刻“回銮诗”，内容如下：

契丹出境

我为忧民切，戎车暂省方。
征旗明爱日，利器莹秋霜。
锐旅怀忠节，群胡窜北荒。
坚冰消巨浪，轻吹集嘉祥。
继好安边境，和同乐小康。

宋真宗当时是被主战派逼迫不得已

澶渊之盟纪念馆

回銮碑及碑文

而亲征，但战争的胜利及和约的签订毕竟使战事稍息，百姓又可以过上安居乐业的生活，对于宋辽双方都是有利的。这首诗通篇洋溢着战争胜利后轻松愉快的心情，对“安边境”“乐小康”充满了无限的期待。书体为行草，秀丽流畅，体现了宋代以文立国的艺术水准。历史记载，当时群臣也和诗多首。

宋仁宗年间，王安石来到澶州，考察了南、北二城，走访了当地老人，并赋诗《澶州》二首，其一：“去都二百四十里，河流中间两城峙。南城草草不受兵，北城楼橹如边城。城中老人为予语，契丹此地经钞虏。黄屋亲乘矢石间，胡马欲踏河冰渡。天发一矢胡无酋，河冰亦破沙水流。欢盟从此至今日，丞相莱公功第一。”对宰相寇準（后封莱国公）在北宋澶渊之战中的中流砥柱作用发出了由衷的赞叹。

在回銮碑旁边有宋真宗驻跸澶州时使用的水井，后世称之为“御井”，古迹所在街道被命名为“御井街”。

宋熙宁十年（1077），澶州南城被黄河淹没。今天的濮阳城即建于澶州北城遗址之上。澶州城遗址现仅存西、南部分城墙，残高12米，上部厚26米，下部厚46米，断崖处夯层清晰可辨，墙土包含有丰富的唐、宋时期的遗物。考古工作者还在地面城垣消失的西城墙下发现大量的筑城工具和守城兵器。

明嘉靖《开州志》、清嘉庆《开州志》记载，明清以来，由于受到河患和战争的影响，开州城经过了规模大小不等的16次修葺，分别为明弘治十三年

（1500），嘉靖十三年（1534）、二十五年（1546），隆庆元年（1567），万历二十年（1592）、二十二年（1594）、三十六年（1608），崇祯五年（1632）；清顺治七年（1650），康熙五年（1666）、七年（1668），嘉庆元年（1796），道光二十七年（1847），咸丰十一年（1861），同治七年（1868），光绪三年（1877）。而明弘治年间知州李嘉祥对州城的增筑是规模最大的一次。有文献曾这样描述修筑后的城池："高三丈五尺，广三丈，门四，池深一丈五尺，阔三丈。有迎春、成秋、朝阳、拱北四门。襄城外环以高墙，与关门相通，城楼高耸其上，约五丈高，其宏伟壮丽，在周围的十个郡县州城中数第一。"万历二十二年（1594），知州沈尧中重修城池后依照前任知州张三聘的意愿，将城门的名称做了改动：南门为开德，东门为濮阳，西门为繁阳，北门为镇宁。万历三十六年（1608），知州李之藻重修时将西门更名为昆吾。嘉庆元年（1796），知州杨自强重修时改濮阳门为得胜门，改昆吾门为永安门。道光二十七年（1847），知州焦家麟重修时又将永安门改为阜安门，并在城东南角建文峰塔。光绪三年（1877），知州陈兆麟在城西南角建奎楼。清朝时的开州城南依黄河故道，外形呈半圆形，这显然是因战争防御需要而设计建造的。今天的濮阳老城，仍然保留着两条中轴线——宋代澶州城御井街，以及明清至民国以来以四牌楼为中心的南北古街区。以四牌楼为中心的东西南北四条街基本保留了明清建筑的风格。另外在原来城市格局中还有城隍庙、御井街、回銮碑、清真寺、天主教堂和北关等遗存。

• 古城地标——四牌楼 •

牌楼也称"牌坊"。明嘉靖《开州志》记载，明正德十六年（1521），开州知州龙大有为纪念北宋理学大师程颢任澶州判官时对儒学教育的贡献，在州城创建"明道书院"，以发展开州的文化事业。侯英之子侯大节，捐田四百亩资助书院。为表彰这一义举，龙大有在十字街中心为侯英父子建了一座四脚牌楼，四面匾额所书东为"宪副"、西为"都宪"、南为"颛顼名都"、北为"汲黯故里"。时过境迁，由于牌楼处于开州城的中心位置，人们将四块匾额的内容改为"颛顼遗

四牌楼之河朔保障

古城传统街区

都”“澶渊旧郡”“河朔保障”“北门锁钥”。四牌楼以其对濮阳悠久历史和重要战略地位的生动概括，成为古城具有地标意义的一景。牌楼高8.6米，长、宽各6.6米，面积43.56平方米，木石结构，主体呈方形，四角以石柱支撑阁顶。阁顶以全木构成，四角各有斗拱相托，阁檐上挑，上覆琉璃瓦，青光闪烁。顶脊塑八只蹲狮，四道垂脊各塑龙、凤、鱼、马，栩栩如生。四角神兽下垂铜铃。以四牌楼为中心，向东、西、南、北辐射出具有明清风格的四条传统街道。

【知识链接】

明弘治十三年（1500），知州李嘉祥对州城进行了大规模的整修和增建。他死后，州人立他为城隍，并塑像于庙宇以志纪念，城隍庙自此得到了大规模的扩建。李嘉祥的生日——九月九日也成为庙会日，延续至今。

城隍庙

繁花似锦的澶州、开州文化

唐末五代之后，濮阳称澶州，宋金以后称开州，这一段历史约1 000年。唐代濮阳的名门望族很多，如张氏家族。到了宋元明清，濮阳更是人才辈出，仕宦云集，达到顶峰。北宋时期，朝廷以文治国，澶州的文化教育更是盛极一时。宋人晁补之曾这样描述，“澶渊之盟”后，“澶州人开门相往来，人人重农桑、建学校，延续重文的‘故家遗俗’，文人学士在社会上的地位也逐渐提高，由学生而考取科第者，尊荣无比……”他所在的晁氏家族，数代为名臣大儒，被时人称为儒雅“君子”、文学“宗师”。程颢被贬澶州后，在这里开坛讲学，人称“明道先生”。在他的教育和影响下，澶州为国家贡献了许多栋梁之材，见于史籍者如颇具儒将风采的赵延，被真宗称为具有军校（一种军衔）上等之才的陈兴，使敌人闻风丧胆、不战而屈人之兵的谭延美，面对20万西夏强兵仍坚守城池30多日而最后捐躯的刘铨，等等。至于能臣廉吏更是数不胜数，如王赞、张田、王逵、陈琰、胡思诚、张浩……

元朝虽是一个异族入主中原的王朝，但儒家文化深深地影响了内迁的“蛮夷”之民。他们学汉人礼仪，和汉人通婚，并以学习、传播儒学为己任，延续了澶州重文化教育的传统，为民族文化交流与

明道书院匾额

传承做出了突出贡献，如党项族唐兀氏家族、蒙古族苏姓家族等。尤其值得称道的是，党项族唐兀崇喜、蒙古族贤哲伯颜宗道还分别开办了“崇义书院”和“颜宗道书院”。到明清时期出现了“八都三尚书”，名宦数量之众，甲于历代。龙大有，这位政绩卓著的开州知州，为纪念先贤大儒程颢，在程颢讲学之处[①]创建了明道书院，在以后的300余年间，明道书院不断得到修建，其面积达到方圆百余亩，房屋百余间。明道书院在明清时期是濮阳县第一高等学府，培养了一大批德才兼备的英才，兵部尚书董汉儒、刑部主事王祺、山西按察使程监、章丘知县程熟等都是书院培养的优秀人才。毕业生中进士者60余人，举人200余人。从清光绪到民国时期，该书院毕业生总数达2 500余人。

民国时期，明道书院成为传播先进思想、宣传革命道理、培养进步人才、开展革命活动的教育机构，王从吾、平杰三、刘汉生、赵纪彬、马明海等一大批德才兼备的革命先驱均毕业于此。

站在明道书院的遗址之上，我们似乎仍能听到文人学子们谈古论今、探究人事的热烈讨论，真切地感受到他们“为天地立心，为生民立命，为万世开太平”的济世情怀。

如果把濮阳的历史文化看成一棵参天大树，那么“龙乡帝都”是濮阳人文之根，澶渊旧郡和河朔保障是挺拔之干，名流荟萃则是盛开的花朵和累累硕果。

① 程颢讲学之处在今天城隍庙之西，也即明道书院旧址。

【知识链接】

程颢在澶州逸事

宋熙宁三年（1070）四月，程颢在变法问题上与王安石产生分歧，由监察御史贬为签书[①]镇宁军（澶州）判官。据《宋史》及《程氏家谱》记载，程颢在澶州任判官期间，官员们都认为他是当朝学子领袖，又曾居御史高位，遭贬来澶州，不会尽心事职，又惧怕他的威严不敢接近。但没有料到程颢到任后事必躬亲，遇事多与同僚商量，并一一妥善处理，为此上下没有不佩服的。

秋末冬初大雨普降，黄河各险段都要多派埽兵监视，以防万一。澶州帅府要求全体埽兵满勤出动，而时任外都水丞的宦官程昉依仗皇宠，蔑视州官，仅让百人出勤，又在工地上暴虐埽兵。埽兵忍受不了程昉的鞭笞和饥寒之苦，纷纷逃归，程昉严令他们不准进城。守城的官兵惧怕程昉，不敢放埽兵进城。程颢闻讯后赶赴城门晓谕门吏："他们逃死而归，本应安抚，昉若责备，我来承担。"于是埽兵得以回城。休整三日后，众埽兵都十分积极，河段险处安然。程昉十分恼怒，但始终不敢说什么。

熙宁四年（1071）夏，黄河在曹村（今濮阳新习镇灵平村）决口。当时程颢为了救护百姓不在城中。师帅刘焕差卒急告程颢。程颢在回城的河桥上对刘焕说："曹村决口，京城难保，咱们当臣子的，当身先士卒以往，若不济，请您亲自率禁兵以继之。"众人无不感动，十分卖力。曹村决口合龙后，程颢又在南岸督工加固堤防以求永逸。今新习镇刘堤口至火箱头一段古堤，即程颢当时所筑，史称宋堤口。

程颢在澶州期间，以大兴思想文化教育为己任，传道授业，远近闻名。他以儒家思想教育人们如何为人处事，教育学生要像莲花一样出淤泥而不染。

---

① 北宋初年，为了加强中央集权，朝廷用设官分职的办法来削弱各级长官的事权。按照规定，一般官员都有"官"和"差遣"两个头衔，有的官还加有职的头衔。有官无职者仅拿俸禄，官名只是定品秩、俸禄、章服和序迁的根据。差遣是指官员担任的实际职务，名称中常带有判、知、权、直、试、管勾、提举、提点、签书、监等字，如知县、参知政事、知制诰、直秘阁等。

考古探秘

——五千年文明览胜

历史遗存的表现形式常常令人感到遥远和陌生，探索发现之旅因此也平添了几分神秘。走近古迹，阅读历史，在与古人的对话中品味人生、汲取智慧、获得启迪。

据统计，至2006年底，濮阳市共有不可移动文物（包括古墓葬、古战场、古城址、古建筑、名人故居、革命战争纪念地等）320处。至2015年底，濮阳市有全国重点文物保护单位5家6处，省级文物保护单位29处，市、县级文物保护单位170多处。丰富的物质文化遗产，展现了濮阳五千年文明史的光辉历程。

• 西水坡遗址 •

央视网

6 500 年前的祭祀：地下星图 岁月留痕

央视网

大象中原——蚌龙的秘密

在濮阳老城西南隅有一片常年积水的低洼地，当地人俗称“西水泊”。南边紧邻高大雄伟的五代城垣遗址。这样一个不起眼的地方，在20世纪80年代末，竟有一个惊世的考古大发现。

1987年，正当濮阳引黄供水调节工程干得热火朝天的时候，依照《文物保护法》同时进行的考古钻探传来一个令人兴奋的消息：这里是一片6 000多年前的历史文化遗址。钻探表明，这块遗址总面积约5万平方米。由于水库建设工程进度的要求，考古工作者配合基本建设对其中5 000平方米进行了发掘，除发现大量先民留下的遗迹和遗物外，最为引人注目的当属仰韶文化时期的丧葬祭祀活动遗存。它由几组蚌塑动物图案组成：第一组位于一座墓穴中，墓主人卧测身高1.84米，仰身直肢、头南足北，其左、右两侧分别有用蚌壳精心摆塑而成的一龙一虎图案。虎位于左侧，头朝北、背向东，身长1.39米，高0.63米，张口露齿，四肢呈交替行走状；龙位于右侧，头朝北、背向西，长1.78米，高0.67米，前爪趴，后爪蹬，作腾飞状。龙虎形态逼真。经碳-14科学测定，其年代约为6 600年。在墓主人脚边正北约0.5米处有一组用蚌壳和人胫骨摆成的勺形图案，另外还有一些无法辨清的图形。在第一组图案正南约20米处为第二组图案，主要有龙、虎、鹿（暂名）、蜘

西水坡遗址三组蚌塑龙虎图案

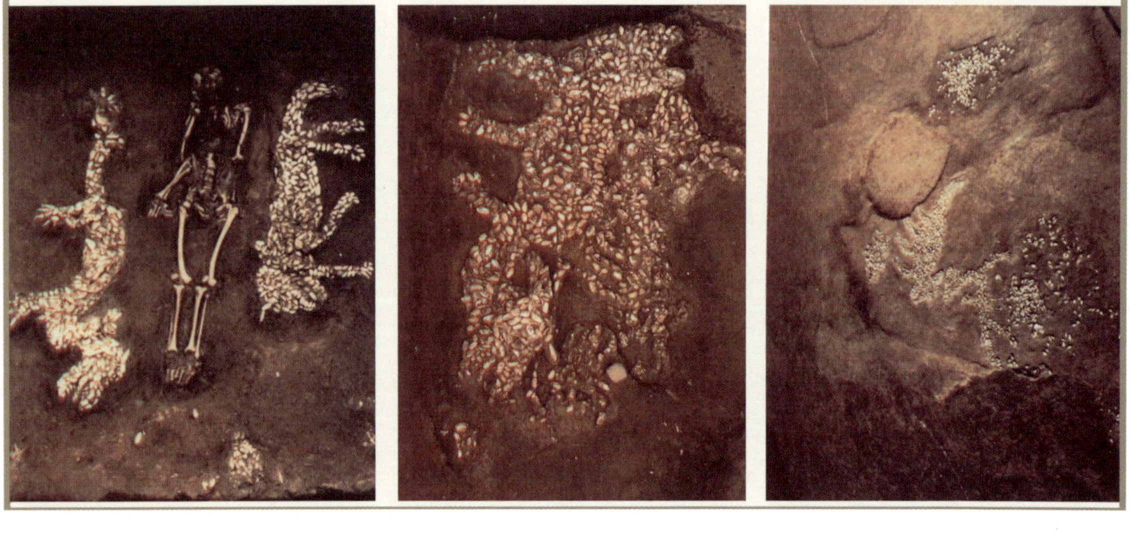

蛛（暂名），前三者身体叠压连为一体。在图案的右上方摆一精致石斧。在第二组正南约20米处为第三组图案，主要为一人骑龙和一个奔跑的动物，两者相背，两动物和现实动物无法类比，另外还有一些用蚌壳摆成的其他图案。三组图案一出土，就轰动了学术界。《人民日报》（包括海外版）、《光明日报》《中国文物报》等均在头版甚至头版头条详细报道了这一重大考古发现。1988年正值龙年，气氛愈加火爆热烈。

很显然，这是一处不同寻常的墓葬。三组图案的布置显示出宏大的气势，是为45号墓主人举行丧葬和祭祀仪式的遗存；而且从规模上看，其过程是十分隆重的。那么人们首先会问：墓主人到底是谁呢？

有学者认为是人祖伏羲。因为古代文献记载的传说中有华胥履神足而孕伏羲于雷泽的神话，古雷泽即在今濮阳市境内。

有学者认为是蚩尤，因为今天濮阳市台前县有蚩尤墓，历代都在此祭拜。

更多的学者认为是颛顼，因为文献记载濮阳是“颛顼之墟”，在今濮阳县境还有相传的颛顼太子墓和女儿的葬址皇姑坟，往西距濮阳市区15公里处有颛顼陵。

总之，墓主人是一位受到隆重礼葬的上古先祖，也是人们心目中的一位神。

在对龙的研究过程中，结合墓主人左边的虎，学者们想到了中国古代的“四神”或“四灵”：青龙、白虎、朱雀、玄武。由此，天文学领域的学者经过研究认为第一组所在墓葬的所有迹象与古代天象有关。古史记载，中华原始先民在很早的时候，因安排农业生产的需要就开始对天象进行观测，史书称之为“观象授时”。“观象授时”是由“巫”这一神职来完成的。“观象授时”在白天是立竿测影，即通过观测日影在一年四季的长短变化而确定春分、夏至、秋分、冬至；在夜晚则观测星象，即把想象中黄道（天球赤道）附近的28个星宿划分为四个区域，将每个区域的7个星宿分别想象成动物形象，通过这四组星宿在天上位置的变化来确定四时。学者们经过精确的年代推算，又结合墓主人脚边的勺形图案，认为这是“北斗拴二象”的生动体现。而缺少“朱雀”和“玄武”两象是和当时只有冷、暖两个季节相联系的。这一研究成果公布后，立即在海内外引起了强烈反响。由中国科学院院长卢嘉锡任总主编的《中国科学技术史·天文学卷》第一卷以较大的篇幅录入了这一重要发现和研究成果；白寿彝主编的《中国通史》也全面介绍了西水坡龙虎蚌塑的发现和上述天文研究成果。

不仅如此，龙虎遗迹还和许多神话传说相关联。在今天的民俗中，要焚烧用纸草制成的人和动物的形象，目的就是为了导引和陪伴死者的灵魂升天，其作用和骑龙同类。文献中多有黄帝“骑龙升天”、颛顼“乘龙至四海”的传说，说明中华人文先祖都和龙有着不解之缘。由此，西水坡第三组蚌塑图中的人骑动物图案，似乎可以解释为“骑龙升天”之类神话题材在中国古代最早的艺术表现。

西水坡三组蚌塑图在艺术上也匠心独具，显现了中华先祖的智慧和想象力。创作者根据动物形体部位的不同特征，选用了十几种品种、形状不同的蚌壳，如：用圆形蚌壳塑造眼睛，突出炯炯有神；用椭圆形蚌壳塑造龙鳞和虎毛，展现细部特征；选用长尖的矛形蚌壳塑造龙虎的爪牙，使其狰狞毕现，等等。在身体部位的比例上也显示出令人惊叹的和谐美，真可谓生龙活虎。

龙虎相配是中国文化审美观念中阳刚之气和威严权势的象征，死后与龙虎相伴则更加显示了墓主人非同寻常的身份和地位。学术界一般认为，中国传说中的“三皇五帝”时期相当于考古学上的仰韶文化时期。虽然不能把墓主人和这些传说中的中华先祖对号入座，但他享受如此隆重的礼仪，则完全可以确认为部落领袖级人物。北京大学考古系教授邹衡先生在考古工地抑制不住内心的激动，挥笔题词：“华夏文明，渊源有自，龙虎俱在，铁证如山。”

西水坡遗址龙虎墓及其他相关遗存，再现了6 000多年前中华先民在此生活的画面，为人类学、民族学、宗教学等学科的研究提供了重要标本，在中国乃至世界考古史上占有重要地位。

2013年，西水坡遗址被公布为全国重点文物保护单位。

• 马庄遗址 •

考古学上的新石器时代在濮阳经过了裴李岗文化时期、仰韶文化时期、龙山文化时期这三个较长的历史时期，其中仰韶文化和龙山文化两个时期年代序列清晰、文化面貌鲜明，前者以西水坡遗址为代表，后者以马庄遗址为代表。龙山文化的绝对年代约为公元前2800年至公元前2300年，在这一时期，生产力得到了进一步的提高，社会结构也经历了从母系氏族到父系氏族的重大转折，并最终迎来了中华文明的曙光。

马庄遗址位于濮阳市华龙区西南部约5公里处。地表为一大土丘，高出周围农田3米，南北长250米，东西宽100米，总面积25 000余平方米。经考古发掘，清理出房基、墓葬、窑址等遗迹和近2 000件遗物。它们分别属于汉、殷商、先商、龙山文化四个文化层，其中汉代和龙山文化层的遗存最为丰富。

马庄遗址出土的许多器物具有与山东龙山文化相同的特征或具有两地相互吸收的文化因素，证明在4 000多年前，在今天山东境内和河南境内居住着不同族属的原始居民，史书上称之为“东夷部族”和“华夏部族”。他们不断进行交往，形成了早期中华文明的主要特征。

从龙山文化遗存中，我们大致可以了解当时生活在马庄一带的原始部落的社会结构、经济形态，如他们的房基和墙壁已经使用白灰面硬化，显得规整光洁，这种兼顾实用性和美化作用的做法，以及种类繁多、造型奇特、工艺精美的石器、骨器、陶器，全面反映了当时发达的手工业技术和部落原始农业的繁荣。值得注意的是，在发现的5座墓葬中，有两座为男女合葬墓。男性仰身直肢，而女性则屈下肢侧向男性，充分说明一夫一妻的血缘家庭已经成为社会结构的基本形式，预示着阶级社会的来临。在一些墓葬中，有的殉葬一个猪下颌骨，有的手握两枚猪獠牙，这种习俗无疑是原始宗教巫术崇拜的生动体现。

1986年，马庄遗址被公布为河南省文物保护单位。

• 东周卫国故城遗址 •

东周卫国故城遗址也称高城遗址，位于濮阳县五星乡高城村南。20世纪60年代，中国科学院院长郭沫若就十分关注卫都帝丘遗址，并组织人力到此进行调查。此后考古工作者又对该遗址进行了多次钻探和初步发掘，发现了四面城墙等遗迹。

东周卫国故城遗址城墙发掘现场

2005年的大规模试掘表明，该城面积约916万平方米，城墙保存完好，是一个由龙山文化、商、西周、春秋战国、汉几个时代夯筑层叠压的古城址。整个城址平面为长方形，保存高度为6～9米，城墙基础宽约70米，顶部宽20～30米，城墙之外有一周护城壕。北墙长约2 420米，中部偏东内收，形成一个近90°的折角。东墙长约3 790米。南墙长约2 361米，毁坏比较严重。根据夯土叠压情况，可知该城在东周之前即开始使用。这是迄今为止发现的豫北地区最大的春秋古城遗址。对照《左传》和《汉书·地理志》等文献记载，初步断定该城址就是历时388年的卫都帝丘城所在。根据从外侧及墙顶发现了夹杂大量汉代瓦片的淤土分析，该城毁于汉代黄河的泛滥。专家们还推断，高城遗址应该是秦代和西汉的东郡治所。

据初步发掘资料研究，古城属一次性被洪水冲毁并被掩埋地下，所以地下一定保留着比较完整的古代社会的各种信息，对它的发掘将会揭开许多遥远的历史之谜。

2013年，卫国故城遗址被公布为全国重点文物保护单位。

• 戚城遗址 •

戚城遗址位于濮阳市华龙区京开大道西侧，史书称之为“戚”。“戚”最初是卫武公之后孙氏的世代采邑，见于史书《左传》的有庄子（武公三世孙）、昭子、桓子、文子，以及文子的三子：嘉、蒯、襄。孙氏世代掌握着卫国的政治命脉。鲁成公十四年（前577），卫定公去世，卫献公继立。孙文子与献公有矛盾，为避迫害，将象征权力和地位的卫国宗庙青铜礼器从帝丘迁至戚城。鲁定公十四年（前496），卫太子蒯聩谋杀卫灵公夫人南子未遂，逃往晋国避难，后潜入戚地，13年后与其子出公辄争夺君位。蒯聩首先勾结他的姐姐控制了负责京城守卫的外甥孔悝，出公被迫逃往晋国，蒯聩即位称庄公。孔悝的家臣、孔子的弟子子路在这场政变中身亡。在今天距戚城不远处有相传蒯聩复国的临时藏身处——“蒯聩台”和子路的葬所——“子路墓”。

戚城的东城墙外原有两个高大的土丘，今仅存一座。相传是春秋时期诸侯国会盟举行仪式的设施，称为“会盟台”。《左传》较多地记载了戚城所处的重要地理位置和诸侯各国在此举行的历次会盟。

戚城遗址古城墙

1996年，戚城遗址被公布为全国重点文物保护单位。

古文化遗址

濮阳的许多古文化遗址都以史前人物和历史人物来命名，保留了后人对中华先祖在此繁衍生息、创造文明的记忆，这些遗址为后代研究历代社会生活提供了珍贵的实物资料。

仓颉陵遗址

仓颉，即传说中上古时期的造字圣人。相传仓颉死后葬于今南乐县梁村乡吴村北的一个高地上，后世称之为仓颉陵遗址。考古钻探和试掘表明，它是一个内涵丰富的史前文化遗址，出土有大量的仰韶文化时期和龙山文化时期的石器、骨器、陶器等生产工具和生活用具。

仓颉造字的传说

2000年，仓颉陵遗址被公布为河南省文物保护单位。

丹朱墓遗址

丹朱是传说中上古“五帝”之一尧的儿子。尧年老时推选继承人，丹朱性情桀骜不驯，未能成为部落的首领，以孝贤著称的舜接受尧的禅让继承王位。舜赐给丹朱土地，让他带领部落人耕种。丹朱充分发挥聪明才智，使得人民安居乐业，受到了百姓的爱戴。传说丹朱死后，葬在今范县辛庄乡丹朱村（丹徐庄村），后世称之为丹朱墓遗址。

《濮州志》记载，丹朱墓原高似小山。钻探试掘表明这是一个面积约12万平方米的古文化聚落遗址，包括龙山文化和西周、东周时期的文化层。该遗址为研究豫北、冀南地区史前时代和两周时期的社会发展提供了重要资料。

2000年，丹朱墓遗址被公布为河南省文物保护单位。

蒯聩台遗址

蒯聩，即春秋时的卫庄公，先是因卫国内乱而到晋国避难，后回国和已经在位的儿子卫出公争夺王位。蒯聩台遗址相传是他的避难之处。

该遗址位于濮阳市建设路与京开大道交叉口东100米路北，面积约4万平方米，为高出地面8米的台地。经局部发掘，证明这是一个包含仰韶文化、龙山文化、商、春秋及汉代等不同时期的古文化遗址，时间跨度约3 000年。而每个时代的遗迹和遗物都十分丰富，成为豫东北地区先民长期在此居住生存、前后相续的缩影。

蒯聩台遗址

2000年，蒯聩台遗址被公布为河南省文物保护单位。

赫胥陵

赫胥陵位于南乐县福堪镇宋耿落村南，为赫胥氏的陵墓，当地人俗称赫王坟，史书《读史方舆纪要》中有记载。考古报告称之为宋耿落汉墓。汉墓由三个土冢组成，呈品字形分布，占地约3 000平方米。考古发掘表明，该墓为一东西向砖结构多室墓，构造讲究，由墓道、墓门、甬道、前室、中室、主室和南侧东、西耳室，北侧东、西耳室等10个部分组成。整个墓室东西长22.5米，南北最宽19米，最高处5.25米。

南北两侧的东、西耳室主要摆放各种埋葬用的生活用具。前室正中为正方形石供桌，中室居中摆一长方形石供桌，主室摆放二棺柩。

石质墓门体现了精细的雕刻艺术。门楣正面雕刻两只身涂红彩、争衔串珠的朱雀，作展翅欲飞状。朱雀上端又以重幔图案相衬。石门柱正面雕以上下排列整齐的垂幔图案。石门正面皆雕刻铺首（门上饰物，其形式多为兽首衔环），兽首所衔环内饰以双鱼。两铺首虽同为减地浅浮雕技法，却风格迥异。左门铺首表面较平净，沿画像外轮廓和边沿刻一周阴线，眼、鼻、眉等细部又以阴线勾勒；右门铺首表面则刻以与整个画像相协调的线条，又沿画面外轮廓刻一阴线使其突出，细部除运用阴线勾勒的刻法外，又在主要部位采用了阳雕的刻法，形成在减地浅浮雕上堆加浮雕的效果。在造型上，左门铺首两角直立，执环两爪瘦小，且肩部与面部脱节，铺首的下面又以阴线刻两撇胡须；右门铺首两角外翘，执环两爪健壮有力，在雕刻技术上也较左门铺首老练，线条流畅，形象凶猛。

墓葬出土器物丰富，有陶器、石器、铜器、铁器，共计148件。其中陶仓楼和带年款石砚最为珍贵。陶仓楼为现实楼阁建筑的模型，分为建筑主体和人物雕塑两部分，为研究东汉人的社会生活提供了形象资料。

• 唐兀公碑 •

唐兀氏家族[①]原是西夏人，“世居宁夏路贺兰山”，祖先唐兀台在蒙古南下统一中国时随从出征，为蒙古人统一中国立下了汗马功劳，虽“多获功赏”，但不愿做官，最后与族人定居在开州濮阳县东，具体地点是“官人店东南，十八郎寨两堤之间”。其祖先及考妣安葬于宅西北堤南。家族墓地中有元至正十六年（1356）所立“大元赠敦武校尉军民万户府百夫长唐兀公碑”。该碑详细记载了唐兀氏家族在元朝定居濮阳，并与汉民族交往融合的全过程。从始祖唐兀台到三世唐兀达海，家族成员皆用赐姓唐兀。到四世唐兀崇喜时，则唐兀与杨氏并用。婚丧嫁娶，逢年过节，宗族大会等场合多用唐兀，日常居家亲朋邻里往来私下称呼则多用杨姓，从五世以后迄今二十八世只用杨姓。碑文还记述杨氏一族倾心儒家礼乐文化，将“仁、

① 唐兀氏后裔杨氏家族现有4 000余人，至今还有保存完整的家谱，以及唐兀崇喜记载先人行事风格、合族所订乡约、创办学校，并荟萃当时贤达为之赠诗、撰序、记事而成的集子《述善集》。该书约40 000字，分为《善俗》《育材》《行实》三卷，内收记、序、碑铭、诗赋、题赞、杂著等70余篇。该书为研究我国元代民族融合的具体过程提供了全面、丰富的个案资料，具有重要的史料价值。

唐兀公碑及碑文

义、礼、智、信、孝”认真付诸生活实践的事迹。移居濮阳初期，他们就开始筹建义学，“尊礼师儒，治经诲子”。他们还替乡人中家贫好学的子弟交学费，为穷亲戚抚养子女，直到其长大成人嫁娶完毕。在日常生活中他们则恪守儒家伦理规范，尊奉儒家倡导的“乡党之义”，讲信修睦，对“里仁为美”境界的刻意虔诚竟为许多汉族士大夫所不及。

唐兀氏祖茔位于杨十八郎村南，现存墓冢6座，高1.5米，周长7米，呈“人”字形排列，墓前神道石刻多淤埋地下。地面现存一通正方形的墓碑。碑的造型模仿元代盝顶式建筑，通高3.22米，碑首高1米，宝顶高0.4米。碑趺为正方座，高0.44米，边长1.1米，上部为一厚0.12米的圆形雕刻，直径0.96米。全碑雕刻图案精美，造型雅致，具有较高的历史、艺术、科学价值，是研究元代文化不可多得的实物资料。

2006年，唐兀公碑被公布为全国重点文物保护单位。

• 敕修河道功完之碑 •

“敕修河道功完之碑”是明代徐有贞为纪念成功治理沙湾河道而立的。该碑螭首高0.91米，宽1米，厚0.3米，精雕二龙戏珠图案。碑身高2.2米，宽0.95米，厚0.28米，四周刻有0.5米宽的阳刻云雾图案。碑座为石雕龟趺，高1米。碑文书体行楷，共31行。

碑文记载了徐有贞治理河道的过程、用工用料、建闸数目及地点，对变水害为水利的经验进行了总结。徐有贞认为，天时、地利、人和是黄河成功治理须考虑的三个重要方面。他反思了禹治水以来的历代治黄经验，认为河水的泛滥有一个孕育的过程，治水也应该“顺水之性”，有堵有疏，并且在疏导的同时考虑漕运、灌溉之利，这样方能取得预期效果。为此，他疏通了自张秋镇（今属山东阳谷县）向西南绵延数百里至沁河[①]的广济渠，以及以沙湾为中心向西北至山东临清，向东南至济宁绵延400余里的会通河[②]。然后，在广济渠上游建通源闸，以控制沁河之水；在会通河的东昌府（今山东聊城）的龙湾、魏湾一带建八个制水闸，分别接通流向东海的古河道，以利多河道泄洪。这样就达到了“上制其源，下放其流。既有所节，又有所宣”，渠、堰、闸相互配合，治洪、灌溉、漕运一举三得的理想效果。东阿以西、鄄城以东、曹县以南、郓城以北的100多万顷的土地得到灌溉，人民安居乐业，商旅往来如旧，实现了“水害以除，水利以兴”的百年大计。更为可贵的是，在治河过程中，他把“人和”放在了一个重要位置。他反对其他大臣提出的建造从沁河至海的漕运河道，以及发动军队疏通河道等劳民伤财的不智之举，并奏请朝廷免除了沿河附近州县百姓的赋税和徭役，让他们专事河防。这一奏请得到了朝廷的同意。整个治河工程历时555天，于景泰六年（1455）七月完工。

该碑文由徐有贞亲自撰写，夹叙夹议，感情充沛，文采横溢，气势恢宏，是一篇优秀的记事散文。碑文书法挺拔秀

① 黄河下游的支流，发源于山西沁源县西北太岳山东麓，在河南沁阳接纳丹河后转向正东，在武陟县汇入黄河。全长485公里，流域面积1.35万平方公里。

② 明清京杭大运河的一段，与西南、东北走向的广济渠呈十字交叉状。

敕修河道功完之碑

丽，柔中带刚，颇富气韵神采，具有较高的书法艺术价值。

2000年，敕修河道功完之碑被公布为河南省文物保护单位。

• 古代建筑遗珍 •

南乐文庙

文庙，即祭祀孔子的孔庙。南乐文庙位于南乐县城内，始建于明洪武三年（1370），南乐县主簿叶瑾主持修造。永乐五年（1407）、正统四年（1439），由于相继扩大规模，使之逐渐形成一个宏大的建筑群。南北两面延伸至城墙脚下，西与大路、北与净土寺相接。主要建筑有戟门、棂星门，日新斋、大成殿、寝殿，东、西号房等。后来的弘治、嘉靖、隆庆、万历等时期都做过增修扩建，添置了泮池[①]和“德配天地”“道贯古今”牌坊等。清代康熙、乾隆、道光、光绪年间又在原来的基础上作了整修。民国至今，文庙仅存大成殿和寝殿，当地人俗称大殿和小殿。

大成殿为文庙主体建筑，面阔五间，进深三间，平面呈长方形，单檐歇山顶，顶部为黄色琉璃瓦。殿外月台高1.3米，长20米，宽13.8米，是一座官式与民式风格相结合的建筑。寝殿位于大成殿后，歇山九脊顶，面阔五间，进深三间，是一座典

① 古代乡学叫庠序，诸侯所办大学叫泮宫，帝王所办大学叫辟雍。文庙既是纪念场所，也是古代教育场所，泮宫前面的水池叫泮池。

【知识链接】

文庙

文庙，文宣王庙的简称，也是孔庙的别称。据史籍所载，我国最早建立的孔庙，是在春秋末季的鲁哀公时期，地点是孔子的故乡曲阜。汉武帝在董仲舒的倡导下实行“罢黜百家，独尊儒术”，孔子的声名从此日见显赫，为中国之后2 000余年的封建正统文化——孔学奠定了基础。唐玄宗时追谥孔子为文宣王，于是，孔庙从此之后被称为文宣王庙，简称“文庙”。创建孔庙之风，从此开始盛行。

文庙大成殿

型的清代民式建筑。

2000年，南乐文庙大成殿和寝殿被公布为河南省文物保护单位。

普照寺大雄宝殿

普照寺，原名圆明寺，位于清丰县，创建于唐上元元年（674），元至正十九年（1359）改名普照寺，元末被战争焚毁，现仅存大雄宝殿。大殿重建于明成化二十一年（1485），面阔五间，进深三间，总面积249平方米。室内柱式排列为纵四横六。殿内方形青砖铺地，前金柱础为仰覆莲，盆唇为云龙浮雕，每石四条；后金柱为覆盆式。大雄宝殿坐落在墩台之上，台高1.51米、长23.97米、宽15.28米，四面砖石混合砌就。殿前踏阶原为垂带踏跺，石条砌成，现为三面如意踏跺，共七级，底边长10.42米、宽4.35米。

大殿梁架系八架椽四柱五铺作结构，单层庑殿绿彩琉璃脊顶，梁栿为月梁造，

普照寺大雄宝殿

普照寺的传说

棱形金柱。室内天花全系明栿，平纂仅施金柱以内，棋盘格局内猩红铺地，内作圆形立线图案，圆内各设计沥粉金龙四条，形态各异，栩栩如生，正中心绘四开涡纹八卦图，间施红、蓝、白三色，显示了明代中期佛教、道教合一的趋势。室内柱础为元代遗物，纹饰为仰覆莲云龙纹浮雕，雕工极其精致。其余梁枋均为灰蓝铺地，黑、白二色勾描，线条流畅自如，色彩对比鲜明。整个建筑高大挺拔，宏伟壮观，具有较高的科学性和艺术性，是研究明式木构建筑的珍贵实物资料。

1986年，普照寺大雄宝殿被公布为河南省文物保护单位。

• 馆藏文物 •

■ 仰韶文化蚌塑龙虎图案

仰韶文化蚌塑龙虎图案1987年在濮阳西水坡出土，共有三组（详见“考古探秘”部分的《西水坡遗址》）。第一组保存于国家博物馆，第二、三组保存于濮阳市博物馆。其中第一组中的龙图案被学术界誉为“中华第一龙”。三组图案具有重要的历史、艺术和科学价值。中国考古学界著名专家苏秉琦称蚌龙是“中国最早的艺术神器”。著名美籍华人学者、美国科学院院士、芝加哥大学教授何炳棣说：“龙的考古物证是以距今6 000多年前河南濮阳西水坡仰韶文化遗址用蚌壳摆组而成的龙形图像为最早。这类重要的考古发现，对研究古史传说记载的价值是无法估量的。”濮阳也由此获得了“龙乡”的称誉。

盘龙石砚

盘龙石砚出土于南乐县宋耿落汉墓。砚盖呈蓝黑色，细腻坚硬，色泽光亮，上面高浮透雕六条相互盘绕的飞龙，龙身饰以线刻龙鳞，龙翼饰以毛羽，龙足饰以爪趾，又在六龙的周围刻滚浪水纹，使六龙如同破水而出，气势磅礴。飞龙六首攒辏，戏一宝珠，巧妙地组成盖纽，宝珠上刻隶书“君”字。砚座为石质棕褐色，座底下弧，光亮平滑，匠人运用写意手法，把三足雕成熊形。熊两耳直立，瞪目张口，两爪扶膝，作奋力承托状。三足间以阴线刻波浪纹绕砚底一周，中间为浪花纹饰组成的圆形图案，图案正中有“五铢”两字。砚面平滑，唯中央稍凹，一侧用阴线界开，线刻波浪纹饰，围绕一耳杯装凹槽。砚面与砚盖接合处有子母扣，扣合处阴刻铭文一周：“延熹三年七月壬辰朔七日丁酉君高迁刺史二千石三公九卿君寿如金石寿考为期永典启之研直二千”，共42字，隶书。砚座外侧线刻一周莲瓣图案。整个石砚采用了高浮雕、浅浮雕、阴刻、阳刻、透雕等各种雕刻技艺，制成了蹲兽、莲瓣、平波、滚浪、耳环、出水游龙、宝珠等各种图案。该砚雕刻精湛，构思巧妙，不仅是中国石砚中的珍品，而且为研究汉代文人士大夫的世俗生活提供了珍贵的实物资料。

盘龙石砚为国家一级文物，现藏于河南省博物院。

盘龙石砚

“大泉五十”铜钱范

钱范即铸钱模具。该钱范为1980年原安阳地区文管会的同志在汤阴县金属线材厂拣选得到，年代为新莽时期。该钱范长41厘米，宽17.5厘米，厚4.5厘米。整体呈铲形，范模竖排4行，每行9枚，共36枚，钱文为篆书“大泉五十”，中间有一浇铸孔，范背有两孔板。此范为半合。钱范铸造规整，字迹清秀规范，器形较大，堪称古代钱模精品。王莽时期（9—23）在历史

“大泉五十”铜钱范

上仅存在15年，该钱范为研究西汉末年到新莽时期的经济发展状况提供了珍贵的资料。钱范现藏于濮阳市博物馆。

黄釉四系罐

黄釉四系罐是生活用具，1958年在濮阳县北齐李云墓出土。口径9厘米，高24厘米。直口微敛，鼓腹，圈足。肩部有四系，系下饰忍冬[1]纹一周，腹部饰莲花，瓣尖微卷。胎骨为白色，腹以上施米黄色釉，由肩至腹垂挂六条绿彩。这是瓷器釉下彩的开端，开“唐三彩”之先河，在我国陶瓷史上占有重要地位。该器物为国家一级文物，现藏于河南省博物院。

黄釉四系罐

金代印信

1987年，在濮阳县老城煤店街出土了三枚金代印信。它们分别是都统所醴字印、元帅府经历印和都统印。

都统所醴字印通高5.5厘米，印面边长7厘米。印面为正方形，背有方榫形纽。印面阳刻篆书印名，印背纽右侧铭“贞祐四年十一月”，左侧字不清。上侧面楷书铭刻印名，纽顶铭刻“上”。

元帅府经历印通高4厘米，印面长7厘米、宽6.8厘米。印面为长方形，背有方榫形纽。印面阳刻篆书印名，印背纽右侧铭“保垣州帅府造”，左侧铭“元帅府经历印”，纽顶铭刻“上”，印体右侧面铭“壬辰年十二月”。铭记文为楷书、竖行、阴刻。

都统印通高4.5厘米，印面边长6.7厘米。印面为正方形，阳刻篆书印名。背有方榫形纽。纽顶铭刻“上”，上侧铭记“都统印”，皆楷书。

北宋灭亡后，濮阳被金朝统治达一个多世纪。这三枚金代印信皆为金宣宗时期的遗物，为研究金代兵制提供了重要资料。

① 忍冬，半常绿灌木，花、茎、叶都可入药。也叫金银花。

胜景掠影

——濮上画廊

濮水曾是一条美丽的河流，随着古代文明的谢幕而消失在漫无边际的黄沙之中。但濮水之阳的这一方沃土在现代人的辛勤耕耘下，焕发出新的生机，她犹如出水芙蓉，风姿绰约，美不胜收。

•“开州八景”今何在•

明清时代，文人雅士们曾归纳出能够代表开州的八处风景名胜，它们是“西湖秋水”“龙湫烟雨”“清河渔唱”“长乐春容”“洪洋积翠”“御井甘泉”“披云接天”“东寺晓钟”。随着岁月的流逝和自然人事的变迁，八景中有的已经消失或魅力不再，但是流连故址依然能够使我们想象出当初的如画美景。

“西湖”指的是位于今濮阳县西的西水坡，南边紧临高大的五代澶州城垣遗址，此地因考古出土“中华第一龙”而远近闻名。

“龙湫”指的是濮阳县城西南新习乡的黑龙潭，为汉武帝元光三年（前132）治理瓠子河决的遗迹。史载，潭水广十余顷，水深不可测，大旱不竭。黑龙潭已经消失，但东西绵延数十里的瓠子堤仍气势宏伟。

“清河”位于濮阳县城东10公里的清河头、金堤东侧路北，长数里，终年不竭。北宋熙宁四年（1071），河决澶渊，东汇为河，因水清澈，故名“清河”。河西岸有杏花岗，上筑“观凫亭”，系明嘉靖年间开州知州朱纨所建。河北岸有龙泉岗，岗上有龙泉寺。如今龙泉寺只留下遗址，但周围风光仍不逊当年。

“长乐”指的是“长乐亭”，位于濮阳县徐镇南4公里，相传是上古颛顼帝避暑胜地。颛顼在这里观天象、制历法，形成了“绝地天通”的宗教改革思路。长乐亭是金大定年间裴满公所建，寓颛顼帝恩泽长久、与民同乐之意。此地还有当地人祭颛顼的“春容寺”。文人雅士题记甚多。

“洪洋积翠”是因洪洋山、翠花岗、浮翠桥而得名。洪洋山在濮阳县城南1公里处，文献记载它北倚德胜南城，西望澶州大坡。浮翠桥东有五代后周开国皇帝郭威黄袍加身处——郭威岗，南1公里处有李存审练兵场。

“御井”是指北宋真宗御驾亲征驻跸澶州打败辽兵时所使用的水井。今天，它和回銮碑一起成为宋辽“澶渊之盟”的重要物证，见证了古城的沧桑。如今周围居民进行了搬迁，环境也得到了很好的治理。

“披云接天”指的是北宋时的北城

门楼，因高大接天，故称“披云楼”。由于它高大雄伟，也成为开州的地标。1958年，毛泽东主席在新乡火车站的专列上接见豫北各县县委书记时，曾询问濮阳县县委书记王惠民北城门楼之事。如今濮阳县拟在原址上重建“北城门楼”。

“东寺”即太平兴国寺，建于北宋，今于城南新区复建。

百年沧桑，明清开州八景已成为人们的美好记忆。中华人民共和国成立后，濮阳人民在中国共产党的领导下，以勤劳智慧的双手建设自己的家园。特别是1983年建市以来，濮阳更是取得了翻天覆地的变化，一个既有深厚历史文化底蕴又包含现代化气息的新型城市拔地而起。三十多年过去了，龙乡濮阳犹如镶嵌在豫东北大地上一颗璀璨夺目的明珠，吸引着中国和世界的目光。

无独有偶，结合古代八景，在濮阳人心中有了新的八景，它们是“濮阳桑间”“毛楼观润”“油田晨曦”“龙源映辉”“绿园闻莺”“世锦花影”“戚邑春秋”“挥公寒烟”。其实它们只是濮阳万千美景的代表，美好的去处又何止八景?

• 戚城文物景区 •

戚城文物景区位于濮阳市城区内，是依托全国重点文物保护单位戚城遗址而建的一处集知识性、观赏性为一体的历史文化大观园。戚城的始建年代为龙山文化时期，春秋时期成为卫国重要城邑和各国诸侯会盟地，经考古勘探，地下依次叠压着裴李岗、仰韶、龙山至汉文化层，是濮阳悠久历史、古老文明的见证。

1992年，河南省政府把戚城文物景区列入“八五”期间重点建设的十大文物旅游景区之一；1995年的“中国文物古迹游”中，国家文物局、国家旅游局将濮阳列为14条国家级旅游专线中的首条——孔子周游列国线的第二站；1997年，在西安召开的全国文物工作会议上，将戚城遗址作为文物保护利用的范例向大会推介；中央电视台原《神州风采》栏目摄制组制作了《濮阳戚城》电视节目，播放7次。

戚城文物景区目前占地760亩，建筑面积6.6万平方米，绿化面积500余亩。景点

戚城东阙门

有：秦汉风格的东阙门，仿汉建筑群戚城历史陈列室，仿唐风格的北大门、龙宫、颛顼玄宫等，这些建筑高大雄浑，中间穿插园林小品，作为秀美典雅的点缀，使文物保护、历史展示与现代园林达到了完美和谐的统一。2004年12月，戚城文物景区被评定为国家AAAA级旅游景区。

如今，戚城春可踏芳草，夏可栖绿荫，秋可观红叶，冬可赏瑞雪，四时景色各有妙趣。

阙门[①]

位于京开大道西侧戚城遗址东城墙东370米处。阙门坐西向东，主楼高耸，顶端铜朱雀展翅欲飞，两翼阙亭与主楼相衬形成"山"字状。面阔55米，进深16.45米，通高24米。建筑为战国、秦汉风格，气势雄伟、高大浑厚。阙门正中镌刻着两个篆书大字——戚邑。整个建筑为青砖白墙灰瓦，古朴壮观。登高远眺，楼阁林立，市容市貌尽收眼底，有"中原第一门"之称。

颛顼玄宫

濮阳古称帝丘，是颛顼帝的居地，颛顼在这里进行了原始宗教改革，完成了"绝地天通"的重大社会变革。玄宫是颛项举行祭祀和发布政令之地，它建在景区

① 在我国古代，阙是指宫殿、祠庙和陵墓前的建筑物，通常左右各一，建成高台，台上起楼观。因两阙之间有空缺，故名阙或双阙。

颛顼玄宫

东北部一个高6米、周长160米的方台上，内有正殿和东西廊房。正殿内安放着颛顼帝暨夫人女禄的塑像，并绘有颛顼帝的功德壁画。高台回廊陈列着古代濮阳历史名人塑像。

铸鼎轩

铸鼎轩是为纪念昆吾氏铸九鼎而建，轩内立有夏启塑像。建筑坐西向东，前为长廊环绕，后有玄湖水泽，与玄宫相辅，成为“玄”字变形水面。湖面系人工开凿而成，虽面积不大，但湖内千尾金鱼相跃动，岸边柳枝下垂，是人们休闲玩赏的绝好去处。

“中华第一龙”展览馆

“中华第一龙”展览馆以1987年8月濮阳西水坡仰韶文化遗址发掘出土的三组蚌塑龙虎图案为主题而建，在对遗址进行详细介绍的同时，对“中华第一龙”的发现过程及其所包含的历史、艺术和科学价值进行了全面展示。

帝颛顼乘龙至四海雕像

进入戚城东阙门，迎面便是依据《大

玄湖

帝颛顼乘龙至四海雕像

戴礼记·五帝德》记载而立的“帝颛顼乘龙至四海”的灰色花岗岩雕像，通高8.5米。颛顼头戴羽冠，手执玉钺，神态静穆而有谋略。他驾驭巨龙，乘风破浪，直向云霄，遨游四海。这尊巨雕，既向人们展示颛顼这位人文先祖改革原始宗教、促进社会发展的智慧与魄力，又寓意地处“颛顼之墟”的濮阳市正在改革开放的浪潮中乘龙腾飞。

园林风光

走进戚城文物景区，清新幽香的空气扑面而来，这是大自然的恩赐，而绿树成荫、青草连绵、繁花似锦则更是人的杰作和人的创造。整个景区分布着70多个树种，其中不乏银杏、水杉之类的珍贵树种。由于园艺工人的辛勤工作，不同的植被有了变化多样的造型，体现了自然美和艺术美的巧妙结合。徜徉于四通八达的林荫小道，如同欣赏植物艺术博物馆，在这里你不仅可以呼吸到未被现代工业污染的新鲜空气，更能得到审美艺术的陶冶。

戚园之内，根据植被花草品种的不同，分别命名了“梅寒杏暖”“栖云霁日”“千树红霞”“竹深松静”“金蕊飞香”“坦坦荡荡”“槐荫深处”“碧梧天香”等富有特色的景区。在大片绿地上点缀着古色古香的亭台和园林小品，供人们赏景歇息。造型奇特的太湖石及地质硅化木，则分布在绿色环抱之中。

多年来，戚城文物景区举办的各种艺术展览，如彩灯展、京剧人物脸谱展、大地走红展、仿真恐龙展等，标新立异，雅俗共赏，已成为戚城园林风光的重要组成部分。

戚城，以其凝重典雅的人文内涵、清灵秀丽的自然风光，成为黄河之滨一颗璀璨的明珠。

• 造字圣人仓颉陵庙 •

南乐县历代处于州郡的交界，“人文荟萃，贤哲递兴，代不乏人”，被誉为“多君子之国”“秀杰之区”。说到南乐的人文地标，人们恐怕都会首先想到仓颉陵。仓颉在传说中是中华人文始祖黄帝的史官，文字的创造者。在中原大地上，有关仓颉造字的传说很多，遗迹也不止一处，但历史最长、传说最多、历代祭祀香火最盛的地方，要数南乐县的仓颉陵庙。

仓颉陵位于南乐县梁村乡吴村古繁水（漳河故道）的一个高台地上，从新石器时代起这里就是先民的一个聚居地。据元延祐年间的残碑及史籍记载，仓颉庙原称仓颉祠，位于陵墓西侧，始建于东汉永平二年（59）。由于战争和洪水灾害，陵庙屡废屡兴，对仓颉的供奉“历汉唐以来没有间断过”。唐代大兴土木，在原地建立了规模盛大的仓颉祠，后改名为“仓颉庙”。北宋景德元年（1004）九月，一代名臣寇準亲自前往拜谒仓颉庙，并挥笔题写“盘古斯文地，开天圣人家”的千古名句，明代成化、弘治、天启年间，仓颉庙得到三次大规模的重修。弘治年间的施工中还出土了“上古遗像”残碑，这是现存最早的仓颉画像。其中天启年间的整修是最为隆重的，朝廷六部中的刑部尚书、工部尚书、吏部尚书和内阁大学士等都直接参与了陵庙的设计与整修。

仓颉陵庙景区

仓颉陵庙景区

今天的仓颉陵庙保存了明代的规模，略有增建。陵庙建筑自南而北依次为石望柱、山门、仰圣殿、正殿、寝殿，布局严谨，松柏参天，气势恢宏。历代文人墨客经过此处多赋诗言志，抒怀古之幽情。现存石刻有明天启年间的方碑两通，其正面所刻“三教之祖”“历圣之宗”，分别为明工部尚书李从心和刑部尚书李养正题。享殿前有檐石柱两根，上雕“二龙戏珠”“鱼龙变化”图案，正面镌刻巡按直隶监察御史傅振商所题楹联：“百王景仰治代结绳扶宇宙，万圣崇尊文成书契整乾坤。”兵部尚书王越、御史梁天奇、内阁大学士魏广微都在这里留有墨迹。

志书记载，仓颉陵庙原有祭田六十余亩。近年来，南乐县人民政府组织力量在原址上对整个陵庙进行了大规模的复原和整修。每年农历正月二十四的仓颉庙会盛况空前，为保护和利用文物古迹提供了良好的群众基础和资金支持。仓颉陵庙也成为远近闻名的旅游胜地。

•子路墓祠•

祭祀孔子著名弟子子路的子路墓祠，位于濮阳市华龙区京开大道西侧，与全国重点文物保护单位戚城遗址相邻，自古就是远近闻名的名胜。

子路姓仲名由，子路是其字。夫子是后世儒学对先贤的尊称，所以子路也被后世尊为仲夫子。文献记载，子路为春秋鲁国卞（今山东泗水东南）人，少时粗鲁率性，但善良正直。他比孔子小9岁，被孔子收为弟子。子路弘扬“仁政”“德治”，在政治实践中钻研学问、磨炼意志，最终成为孔子最喜爱的弟子之一。子路虽是鲁国人，但跟随孔子周游列国14年，其中10年居卫，后来做卫国蒲邑宰，晚年为卫国大夫孔悝的平阳邑邑宰，直到公元前480年死于卫国的一场宫廷政变。子路在孔子的诸多弟子中是极富有个性的人。他尚武好勇、性格率直，喜欢当面与老师争论问题，甚至直言批评老师而不留情面。他具有远大志向，任蒲邑宰时实现了孔子的执政理念，史称“孔子过蒲，三称其善”：“恭敬以信”“忠信以宽”“明察以断”。据晋代杜预注郦道元《水经注·河水》记载：“在戚南河之北岸，有古城，戚邑也。东城有子路冢。”今天仍有戚城，两者紧相临，与文献相符。由此可知，至迟在晋代，现子路墓祠即已被确认。

子路墓祠的始建年代最早可以追溯到北宋真宗年间，清代《重修先贤仲子墓祠记》碑记载了这一史实。该碑于清乾隆七年（1742）十二月刊立，徐时作撰文，碑文说：“爰考旧制碑铭，始自宋真宗遣官致祭，广规模，建堂庑，已经数百余年。中间历元及明，时兴时废。”可见，最晚在北宋真宗年间，子路墓祠已初具规模。今天整修后的子路墓祠是以明、清仲夫子祠为蓝本，其格局自北而南依次为墓冢、

百里负米

子路墓祠

子路生平壁画

墓碑、石象生、卫国公坊、望柱、享殿、两庑、两碑亭、“正大高明”坊、两耳房、山门。整个建筑以神道为中轴线，左右对称，布局严谨，气势宏伟。2000年，子路墓祠被公布为河南省文物保护单位。

在子路墓祠三进院落内有两座牌坊：“正大高明”坊和卫国公坊。“正大高明”和卫国公坊上的“至孝”“善政”这八个字是对子路一生最好的概括。墓祠中的享殿和两厢房内以壁画的形式展现了子路的生平及孔子在卫国的活动。子路生平壁画计有《负米养亲》《拜师孔子》《侍坐言志》《勇堕三都》《周游列国》《路见隐士》《治蒲有方》《直言谏师》《虚心求教》《结缨遇难》等10幅。

2 000多年来，子路及仲氏后人受到历代帝王的追封和礼遇。《仲氏族谱·大宗世谱》载，从东汉永平十五年（72）到清乾隆三十年（1765），帝王或“遣官致祭”，或追封圣哲之名、国公之号，或诏免仲氏后人差役之苦、狱讼之过凡14次。清代开始每年地方官主春秋祭享，乾隆年间前后6次“遣官致祭”。至于民间奉祀、文人墨客过往祭拜更是不计其数，留存于墓祠内歌咏子路的石刻题记甚多。子路墓祠自宋真宗以后历代均有修葺，大规模修葺明代5次、清代3次。民间一年春秋两次祭祀发展到今天成为一年一度的“子路坟庙会”。在守墓祭祖的仲氏后人中，濮阳县海通乡桑园村之仲氏族人要算最大的一支。据《仲氏族谱》记载，这是北齐时子路第27代孙仲奕来濮守墓，人口逐渐增多定居于此的结果。迁移到东北三省的仲氏后人也为数不少，在黑龙江讷河市，他们还成立了“仲子研究会”。总之，子路是孔子众弟子中，受到后代追封祭拜多、墓祠规模大、影响最为深远的一个。今天，濮阳市人民政府为弘扬中华传统文化，发展旅游业，促进改革开放和经济发展，按照“修旧如旧”的原则，对子路墓祠进行了整修。整修后的子路墓祠环境幽雅，成为人民群众举行文化活动、陶冶身心的良好去处，以及国内外来宾了解濮阳的一个窗口。

• 登临赏景瑕丘古迹 •

濮阳地处华北平原，没有高山耸峙之险，河流纵横和一望无际是其基本地貌。优越的地理条件使之成为人类较早开发的地区。作为人类生存环境的自然风光和反映人类社会发展变迁的人文景观在史书中很早就有记载，如两周时期的“桑间濮上”风光。每逢岁时节日，这里便举行各种祭祀仪式，人们载歌载舞，庆祝丰收，报答天地、祖先和各种神灵，热闹非凡。这里还有许多史前时代人们在水边择高而居的遗址，春秋时期就有“昆吾台”，昆吾是夏代国君相的国都所在。至今濮阳境内仍有许多包含“台”和“丘”的地名，如瑕丘、霸王台、蒯聩台等。大概因为防备洪水的需要，人们对高出平地的一个个土丘非常重视，不但在上面登高观光，而且在上面居住、生产甚至筑城建都。随着时间的流逝，高台和城邑虽然废弃，却成为文人雅士怀古的场所。瑕丘就是这样一个虽经数千年风雨仍风光旖旎的绝好去处。

瑕丘位于濮阳县南9公里处，高10米，顶部面积2 500平方米，周围常年积水，芦苇丛生。从断面观察，土丘系人工堆积而成。考古工作者在这里采集到陶盆、鬲、鼎等龙山、商、周时期的遗物，文化层厚约3米。据明嘉靖《开州志》记载，在丘的西部还有一高三丈的“西附小丘”，说明原来的土丘面积一定比现在的大得多。

瑕丘自古以来就是一处名胜。《史

瑕丘古迹

记·五帝本纪》记载舜曾在“负夏”一带活动。据考证，“负夏”即瑕丘一带。此丘突兀而起，周环绿水，中植荷莲，鸭戏其间。《礼记·檀弓》记载：公叔文子登上瑕丘，蘧伯玉随从。文子说：“这个土丘真是一个快乐的地方啊！死后我一定要葬在这个地方。”蘧伯玉说：“既然你高兴这样做，那么就请让我先葬此地。”这说的是卫国两贤大夫游瑕丘相娱之事。丘上现存清代碑刻两通，皆为清嘉庆九年（1804）开州知州李符清所立，一通镌刻“瑕丘古迹”四字及《礼记·檀弓》中的一段话，另一通追述瑕丘历史，称颂瑕丘胜景。由于历史的传承和发展，到今天，此地已形成规模巨大的庙会，在每年正月十七、十八、十九这三日举行，远近村民皆来“坐会”，甚至山东东明、菏泽等地的人也来参加，可谓盛况空前。该庙会与淮阳伏羲太昊陵庙会、灵宝轩辕台庙会并称中原三大庙会。

• 天主教堂 •

天主教堂位于濮阳县城东街，路南、路北均有教堂建筑，主堂在路南。初为清光绪十六年（1890）法国传教士贝尧购地而建。光绪二十六年（1900），义和团发展到濮阳，与当地民众将教堂焚毁。现存天主教堂是清政府用庚子赔款所建。教堂坐南向北，平面呈南北不规整长方形。砖木结构，青砖烧造坚硬细腻，白灰缝细而平直。门口、窗口、前门洞口、内壁神龛顶口皆为尖顶券门，显示出西方特色。南北大致分三部分。从北端登上三步台阶，则是教堂主体建筑的第一部分——大门。两根砖墩柱子和主体部分紧密相连，从二楼逐步收分、叠涩，砌筑高约40米的高尖，最顶端安装十字架。高尖三楼安放一口大铁钟。大门两侧稍向南移，紧靠主体各建圆柱形中空建筑，从堂内可沿盘旋木梯登上一大平台。平台向北辟一小门，进去可系绳击钟。中间部分是大堂主要部

天主教堂

分，两行木柱支撑堂顶。堂顶由多组拱形结构的起架承托。这是欧式建筑的明显特点。大堂内南端设祭台、神工架、驿体栏杆、圣物，壁龛里塑神像。平墙上还悬吊着西方自由女神半浮雕裸体像，南端处围建半周只有前坡的房屋，一般作仓库使用，这是第三部分。

1966年3月，神甫贾蕴三因犯反革命罪被逮捕判刑，教务活动停止，教会一切财物由县财政局查封没收，收归国有。中共十一届三中全会后，宗教政策得到恢复，神职人员返回教堂从事正常的宗教活动。

• 华美中学 •

华美中学位于濮阳县城东关大街路南，是基督教会于20世纪20年代创办的一所六年制中学。建校动议是美国传教士潘力克提出的，报当时河北省教育厅备案后，由华洋义赈会和美国门诺派教会赞助，并得到当时濮阳县知事周祖训允许。筹建工作随即全面展开，先购地20余亩，民国十一年（1922）春天破土动工，最后建成四层教学楼一座和伙房、宿舍楼10间，还开辟了操场，构筑了大门和围墙。建造工程历时两年。

华美中学

教学楼为华美中学的主体建筑，平面呈正八边形，面积约500平方米。坐南向北，北边向内凹，为楼体前门脸。砖木结构，青砖烧制坚密，白灰缝细而平直。地下室以上四层，木制楼梯从楼中盘旋直通顶层。从二、三、四层平面向外开门，通向大小不一、形状各异的房间。从外围仰观，窗户顶部砌成略带尖形的圆券门，加上平顶和罕见的前门墙，显示出了明显的西方特色。其他结构多属中国民族风格。前门墙上部嵌石板额，上书“华美中学”。整个建筑体现了民国时期中西结合的特点。

1924年，华美中学招收第一批学生，学制为六年制完全中学，校长先后由潘力克和中国留美学生刘中孚担任。之后历年都招收新生。学生除来自本县的之外，还有来自清丰、南乐、东明、长垣、滑县、内黄及新乡、焦作等地的。课程设置有英语、国语、数学、物理、化学等。至1946年与冀鲁豫边区第五中学合并为止，前后办学22年，初中共招生20多班，高中10余班，学生共计1 500多名。

华美中学创办的最初动机是向中国输出西方文化，但它在客观上也为国家、为社会培养了一批有文化、有知识的人才，这些人中有不少人走上革命道路，加入中国共产党，在抗日战争、解放战争和社会主义建设时期做出了重大贡献。

2000年9月，华美中学教学楼被公布为河南省文物保护单位。

• 革命胜迹要览 •

■ 濮阳八路军办事处旧址

濮阳八路军办事处旧址位于濮阳县城内南大街，为一座四合院民宅，坐东朝西，面积250平方米。现有正房三间，南北厢房各三间，均为硬山灰瓦房。

1937年底，日本侵略者的铁蹄踏上了濮阳大地，给濮阳人民带来了巨大的灾难。为了抵抗日本侵略者，濮阳一带的中共党组织积极宣传、发动和组织广大人民群众，团结起来，共御外侮。广大人民群众和各阶层爱国民主人士积极响应中国共产党的号召，有钱出钱、有枪出枪、有力出力，以抗日爱国保家乡为中心，结成了统一战线。中共直南特委还根据新的形势，积极推动和国民党县长丁树本的合作，建立濮阳抗日统一战线。

1938年1月，丁树本被国民党第一战区委任为冀鲁豫边区八县保安司令，负责大名、南乐、清丰、濮阳、东明、长垣、滑县、内黄的防务。他拥有两个保安团，2 000多人的兵力，是濮阳一带的地方实力派。由于当时中共直南特委领导的抗日武装力量弱小，难以适应迅速发展的抗日战争的需要，需要借助丁树本的力量。经过几个月的努力，中共组织和群众抗日救亡团体得到了较快的恢复和发展，而同丁树本结成统一战线关系，更有利于中共开展宣传、发动和组织群众建立抗日救亡团体的工作，更有利于濮阳一带抗日救亡运动的迅速发展。基于上述原因，直南特委于

1938年2月下旬在清丰县西南部的王什村召开了特委扩大会议，确立了同丁树本建立统一战线、共同抗日的方针。3月初，直南特委率四支队到达丁树本的司令部驻地小濮州，特委书记朱则民与丁树本经过商谈，达成了合作抗日的协议，主要内容如下：在濮阳设立八路军办事处，并由中共方面派驻代表；四支队改用冀鲁豫八县保安司令部民军第四支队的番号，在对日作战时受丁指挥，给养和枪支弹药由丁供应，但丁不能向四支队派干部，不能干涉四支队的内部事务；允许公开组织各种群众抗日团体。至此，直南特委同丁树本的统战关系正式形成。

在这之后，直南特委放手开展工作，使濮阳一带的抗战局面得到迅速发展，在军事上取得一系列胜利。四支队在冀鲁豫边区声威大振，中共组织得到迅速发展，群众性抗日救亡团体普遍建立，培养了大批抗日骨干。

1938年6月，直南特委在抗日民族统一战线政策的指导下，为敦促丁树本部积极抗日、共赴国难，派王鹏程前往开展工作。王鹏程随身携带朱德总司令和一二九师副师长徐向前的亲笔信，与丁树本商定建立了濮阳八路军办事处。办事处在抗战前期为保存革命力量，扩大共产党领导的八路军在人民群众中的影响，巩固抗日民族统一战线，发挥了重大作用。

■ 冀鲁豫抗日救国总会旧址

冀鲁豫抗日救国总会旧址位于濮阳老城内西大街路北，为三间硬山灰瓦房民宅。

1938年5月，在中共直南特委的领导下，在清丰县六塔集成立了冀鲁豫抗日救国总会，此后，中华民族解放先锋队冀南分队部、冀鲁豫农民救国会、冀鲁豫妇女救国会等抗日救亡团体相继建立。在救国总会的统一领导和组织下，濮阳一带各县的县级救国会和区、村的抗日救国会及农救会、青救会、妇救会、自卫队、儿童团、姊妹团等群众抗日团体，如雨后春笋般纷纷建立起来，遍及城乡。到1939年同丁树本的关系恶化前，各种群众抗日团体的总人数达30余万，群众性的抗日救亡高潮迅速在濮阳大地上掀起。1938年六七月间，中共直南特委根据“团结抗日”形势发展的需要，决定将冀鲁豫抗日救国总会从清丰六塔集迁至濮阳县城。1938年年底，中共濮阳县委以濮（阳）滑（县）东（明）长（垣）抗日救国会自卫队为基础建立了独立大队。中共内黄县委以濮（阳）内（黄）滑（县）抗日救国会自卫队为基础建立了濮内滑游击大队。各种抗日武装如星星之火，以燎原之势使日寇陷入人民战争的汪洋大海之中。冀鲁豫抗日救国总会1940年更名为“冀鲁豫抗日救国联合会总会”。总会举办训练班，派出工作队，宣传党的抗日主张，培养了大批革命干部，党的组织得到发展壮大，大大促进了抗日救亡运动的开展。

■ 华东野战军新式整军运动旧址

华东野战军新式整军运动旧址位于濮阳县城关镇孙王家大院，坐北朝南，占地400平方米。为河南省文物保护单位。

1948年初，解放战争已进入第三年，人民解放军打退了蒋介石百万军队的进攻，由战略防御转入了战略进攻，由内线作战转向外线作战。

2月至5月，陈毅、粟裕奉命率领华东野战军（以下简称华野）机关和一、四、六纵队全体指战员到濮阳休整，开展新式整军运动。司令部设在城东孙王庄王家大院，部队分别住在县城、柳屯镇、清河头乡、岳村、保安集、大桑村等地。

新式整军运动以土改教育为中心，以干部为重点，以团为单位进行。首先普遍开展群众性的诉苦活动，通过引苦、诉苦、挖穷根提高指战员的阶级觉悟；在此基础上进行“三查”，即查阶级、查工作、查斗志；最后再进行“三整”，即整顿组织、整顿思想、整顿作风。华野部队在濮阳以“三查三整”为主要内容的新式整军运动，是一次群众性的思想改造运

华野濮阳整军司令部旧址——孙王庄王家大院

动，是加强党对军队绝对领导的过程。通过整训，全体指战员的阶级觉悟普遍提高，更加明确了为谁当兵、为谁打仗、为谁服务的问题；部队的整体观念和组织纪律性也大为加强，为进行更大规模的作战奠定了思想基础；共产党的组织和领导在部队中得到进一步加强。在连队班、排组织中调整干部，改选支部，吸收优秀分子入党；实行民主推荐干部的办法，提拔了大批优秀工农骨干充当基层干部；妥善处理了少数混入军队中的阶级异己分子，净化了党组织，健全了各项制度，巩固了部队。部队整训期间，战士们住在群众家里，铺柴草、睡门板，帮助群众解决困难；而濮阳人民热爱子弟兵，为他们腾房让床；濮阳县委组织群众从几百里外的山东省运送给养给部队；各村房东用当地土产品慰劳战士，体现了老区人民支援革命的赤诚之心。

值得一提的是，华野部队在濮阳整训，本意是为渡长江南进，在南方数省执行宽大机动作战任务做准备的。后来粟裕从战争全局考虑，提出了华野三个纵队仍留在中原作战的建议。中央军委、毛泽东主席对此极为重视，在当面听取了粟裕的汇报后，经过研究，同意了他的建议。5月12日，朱德总司令代表中共中央和中央军委亲临濮阳视察和动员。在一周的时间里，朱德总司令分别接见了团以上领导干部，参加了在濮阳县东关原冀鲁豫边区第五中学（华美中学）小礼堂召开的兵团团以上干部会议，以及在孙王庄西北地柏树林内召开的由干部、战斗英雄、模范及连队代表几千人参加的大会，作了重要指示，给广大指战员以极大鼓舞。在濮阳期间，朱总司令还深入连队视察，了解部队演习的情况，同战士一起研究军事技术。

朱德总司令曾兴致勃勃地赋诗一首《寄南征诸将》：“南征诸将建奇功，胜算全操在掌中。国贼军心惊落叶，雄师士气胜秋风。独裁政体沉云黑，解放旌旗满地红。锦绣河山收拾好，万民尽作主人翁。”华野整军期间，陈毅等诸位将领常常赋诗答对。1948年5月20日，陈毅读了鲁南军区副司令员郭化若的一首新诗后，联想到朱总司令的《寄南征诸将》诗，激情满怀，写下了《和郭副司令员并呈朱总司令以志其亲临南线之快》：“读罢新诗兴不残，又将远举付深谈。总戎令下风扫雪，立马吴山更图南。首夏清和花事残，为讨不庭向江南。郭郎妙笔留春在，总座新诗气如磐。战局几回抵掌谈，反复指点计艰难。北线迩来传屡捷，逐鹿自古在中原。耻杀无辜得天下，东征西怨万方从。温温不作惊人语，大度自然是真雄。”

5月底，华野部队胜利结束了历时3个月的整训，踏上了同国民党军队决战的战场。

这次新式整军运动为淮海战役的胜利奠定了坚实的基础。

■ 卫河县烈士陵园

1938年2月，为适应抗日战争形势的需要，中国共产党成立了清（丰）南（乐）边西县委，县委设在清丰梁村。1941年，又整合清丰县的西北部、南乐县的西部、内黄县的东北部，成立卫河县，机关设在今清丰县大屯乡大屯集村。1949年，卫河县撤销，属地归属清丰、南乐、内黄三县。

卫河县一带在历史上就是地广人稀的地方。在抗日战争时期，这里有较好的党组织和群众工作基础。中共直南特别委员会长期驻在梁村一带。敌人在卫河县推行治安强化运动，频繁进行“扫荡”“清剿”，实行“三光政策”，全县境内仅碉堡就有40余个，封锁沟环绕县区一周，巡逻公路纵横交织。加上国民党顽固派制造摩擦，破坏统一战线，使得这里的斗争十分残酷。几年中，县委书记马天圣、县长刘法尧、县基干大队副队长张凤仁，以及分区民军一团团长万连友等650余名同志先后壮烈殉国。但卫河县的党组织和人民群众始终没有屈服，同敌人进行了艰苦卓绝的斗争，党政机关决不离开中心区，成为冀鲁豫抗日根据地的坚强柱石。

卫河县党和政府领导人民群众在反扫荡、反蚕食的同时，实行精兵简政，开展民主斗争和生产自救活动，终于度过了抗日战争最为困难的阶段。抗日武装基干大队发展成为一支具有较强战斗力的部队。1944年，这里率先进行战略反攻。在分区部队的配合下，拔掉了敌人在农村的大部分据点，使日寇只能龟缩在清丰县城内。

抗日战争胜利后，卫河县人民政府在大屯集村修建了“卫河县烈士陵园”。陵园内有烈士公墓、烈士祠、碧血亭、烈士题名碑和陵园记事碑，以及临难严守机密、吞食所带文件后英勇牺牲的冀鲁豫日报记者柳朝琦的纪念碑。公墓前有高大的纪念碑，碑文如下：

慨自芦桥事变，倭寇倍极猖獗。河朔痛遭践踏，中原亦悉被蹂躏。赫赫神州风遍罹锋镝之苦，堂堂华胄殆尽作牛马之践。

卫河县烈士陵园

日月失光，天地含悲。嗟我同胞，哀鸿何依？

讵知神勇八路，挺进华北，重整山河，拯民水火。倡游击以杀敌，人心振奋；率同胞而报国，众皆参战。况我卫河夙具侠风，精忠报国，向负盛名。赳赳武夫，齐抱冲锋陷阵之志；莘莘学子，率效投笔从戎之义。揭竿而起，抗战敌后，历经艰险，艰苦卓绝。创建基地，解民于倒悬；刷新政治，予民生以改善。苦战八年，痍伤接踵，汇核其数，骇人听闻；猿鹤沙虫，竟沐玄黄之血；旗常钟鼎，应铭将士之勋。

方今敌寇被逐，环境转好，伤同志之先死，痛哭关张，慨国难之未靖，益思韩范。用张殊荣懋典，藉表景仰之忱，而万众追念，同声悲悼，足见烈士勋绩之感召，有以使之然也。兹为慰死安生之计，特立碑修墓，以志永垂不忘云。

1999年，烈士陵园被公布为河南省爱国主义教育基地。2000年，又被公布为河南省文物保护单位。

今天的卫河县烈士陵园已经成为一个古柏参天、风景宜人的地方。人们在这里既可以休闲游玩，也可以瞻仰烈士遗迹，接受爱国主义教育。

颜村铺革命旧址

颜村铺革命旧址位于颜村铺村东街路北，坐东朝西，分前、后两个相通院，共有房间21间，是抗日战争和解放战争时期冀鲁豫边区根据地的政治、军事、文化中心和机关常驻地。冀鲁豫边区党政领导杨得志、杨勇、宋任穷、黄敬、肖华、曾思

颜村铺革命旧址

玉、段君毅、万里、张国华等同志长住于此地领导开展革命工作。刘少奇、朱德、彭德怀、刘伯承、邓小平等也曾到颜村铺与其他领导同志研究作战计划、指挥战役、召开指战员和群众大会。

冀鲁豫边区革命根据地是抗日战争时期全国较大的革命根据地，“濮（县）范（县）观（朝）”是冀鲁豫边区的政治、军事、文化中心。在险恶的战争年代，敌人曾叫嚣：“共产党、八路军万贯家产都丢掉了，只剩下一个‘破饭罐’（即濮范观的谐音）啦，再给他砸烂就彻底完啦！”而我们的同志则自豪地说：“这个‘破饭罐’是钢铁铸成的，砸不毁，打不烂。”经过艰苦卓绝的斗争，冀鲁豫边区革命根据地得到了发展壮大，颜村铺成为冀鲁豫边区党政军机关所在地，其下属后勤部门如医院、银行、报社、学校、军械所、被服厂等都建在颜村铺的周围，被誉为“华北小延安”“小莫斯科”。在这里党政军民鱼水情深，相依为命，共同渡过了一个个难关，开拓和巩固了冀鲁豫边区革命根据地，迎来了抗日战争和解放战争的胜利。

1977年，颜村铺革命旧址被公布为安阳地区革命纪念地，2000年被公布为河南省文物保护单位，2006年被公布为全国重点文物保护单位、河南省红色旅游景点。

中共中央平原分局冀鲁豫军区司令部旧址

中共中央平原分局冀鲁豫军区司令部

旧址，位于清丰县东南单拐村内。1943年11月，为了加强冀鲁豫与冀南两区的统一领导，中共中央决定成立冀鲁豫分局（即平原分局），领导冀南、冀鲁豫两个区党委。1944年5月11日，冀鲁豫和冀南两区合并，两个区党委机关撤销，各地委（12个）直接由分局领导。合并后的冀鲁豫军区，宋任穷任司令员，黄敬兼政治委员，王宏坤、杨勇任副司令员，苏振华任副政治委员，曹里怀任参谋长，朱光任政治部主任，下辖11个军分区和水东独立团。1944年9月，分局和军区机关迁单拐村办公。这时，因彭德怀、刘伯承等仍在延安学习，由太行分局书记邓小平代理北方局书记。1945年1月23日，中共中央为加强冀鲁豫工作，给北方局发出指示："最近冀鲁豫根据地有极大发展，人口将近两千万，为敌后最大的根据地，但减租减息大半尚未进行，各种政策尚未完全正规，根据地的群众基础尚不巩固，为此，中央提议北方局及时进至冀鲁豫工作，普遍发动群众，进行彻底的减租减息，求得根据地进一步巩固。"指示强调北方局必须亲自到平原分局去工作，协助分局完成这一伟大任务。经过一个月的准备，北方局代理书记邓小平于3月上旬带领北方局组织部长刘锡五、宣传部长李大章等20余名机关人员由山西麻田来到冀鲁豫边区革命根据地中心——濮阳，先住在分局附近李家楼，半个月后进驻单拐村。

冀鲁豫军区领导在单拐村生活和工作的民房，现存有邓小平、杨勇和宋任穷等同志的旧居。

冀鲁豫军区第一兵工厂是革命旧址

中共中央平原分局冀鲁豫军区司令部旧址

邓小平旧居

"盖亮号"九二式步兵炮

的重要组成部分。它位于村东路南的陈氏祠堂，面积20余亩。山门面北，正面为拱券砖石结构，其上用青砖砌成"山"字形。进入山门，迎面就是机器房（祠堂的正殿）。房门面南，阔三间，高丈余，硬山，前出厦，厦下顶柱上当年安装机器打的圆洞仍历历在目。东西两面山墙上有"点将台""应战场"字迹。正祠前东西两侧，各有配房三间，砖木结构，前出厦，高八尺许，亦系当年机器房。由此往南又有北屋三间，系兵工厂办公室。该房东南30米处有水井一口，系当年兵工厂所凿。兵工厂还制造出了我军军工史上第一门大炮——"盖亮号"九二式步兵炮。

北方局在这里领导了锡山战役和解放阳谷、封丘、延津等战役，还积极发动这

军区第一兵工厂旧址

一带贫苦农民建立政权，领导农民开展减租减息、增资增佃斗争，为抗日战争和解放战争的胜利做出了积极贡献。

“一门四烈士”纪念碑

抗日战争和解放战争时期，涌现出了无数英雄的家庭。这些家庭贡献了一个又一个鲜活的生命，为争取民族独立和人民解放筑起了一道钢铁长城。在清丰县瓦屋头镇东梁村矗立着一座英雄纪念碑。该碑高2米，宽0.9米，正面镌刻“一门四烈士”五个大字，碑阴刻四烈士传略。

四位烈士指的是梁作千先生的三个儿子和一个孙子。抗日战争爆发后，梁作千教育子孙：“宁做刀下鬼，不做亡国奴”，“好男儿应当为祖国效命疆场”。他的儿孙都义无反顾地投入到抗日战争的洪流中。长子梁鸿图，作为八路军家属，1942年6月被日军俘虏后，宁死不屈，终被杀害。次子梁鸿宾，1938年参加抗日群众团体，曾任鄄城区抗日联合会主任，1948年南下贵州湄潭县任区长。1949年12月12日，土匪包围区公所，他在战斗中牺牲，年仅35岁。三子梁鸿建，1938年参加抗日武装四支队，1943年在滑县战斗中牺牲，时年22岁。孙子梁克允（梁鸿图之子），1939年入抗日随军中学，在日寇“四一二”大扫荡中牺牲，年仅18岁。

1951年4月，清丰县人民政府为纪念梁作千一家的英雄事迹，特立“一门四烈士”纪念碑。

无名烈士纪念碑

在长达十数年的抗日战争中，有无数先烈长眠在冀鲁豫这块土地上。有的名字被刻在了纪念碑上，更多的甚至连名字也未曾留下来，后人只能立无名烈士纪念碑来怀念他们。清丰县大屯乡纪庄村村北就有这样一座无名烈士纪念碑。该碑高1.3米，宽0.6米。碑正面刻隶书：“无名烈士纪念碑”，两侧分别为“为有牺牲多壮志”“敢教日月换新天”。碑文记载，1941年2月16日，日寇、汉奸扫荡沙区，八路军冀中部队某部在与日寇交战中，有5位战士英勇牺牲。当地群众收敛战士遗体时，发现他们怀中还揣着糠窝窝，无不为之感动落泪。

每年的清明节，总有不少群众到此祭祀瞻拜。烈士们虽然没有留下名字，但人民会永远记住他们。

渠村黄河分洪闸

每当雨季来临，河水暴涨，濮阳所在的黄河下游河段即面临着巨大的压力。为了缓解洪水的压力，避免造成更大的决溢灾害，分洪闸被发明出来。渠村黄河分洪闸建于濮阳县渠村乡黄河大堤上，北距濮阳市区40公里。该闸始建于1976年，是黄河下游重要的分洪水利工程。当黄河下游出现特大洪水时，该闸即向北金堤滞洪区分滞洪水，为国家重点保护的一级建筑物。工程上下游总宽209.5米，全长794米，共分56孔。闸前50米处设有1 750米长的防淤围堤一道，堤顶宽6米，顶面平顺，工程整齐划一、规模宏大、雄伟壮观，有“亚洲第一闸”之称。

分洪闸周围经过绿化美化、环境治理，已经成为一个风景优美的地方。为了方便人们参观，市交通部门开通了市区至渠村的公交线路。堤防公路纵贯东西，紧邻的106国道可直达古都开封，向东过东明黄河大桥沿高速公路可直达牡丹之都菏泽。围堤前即滔滔黄河，可以尽览“天际流”的气势；围堤内鱼塘星罗棋布，可以在这里垂钓，品尝农家美味。这里绿树成荫，是难得的天然氧吧。奔走在黄河大堤上，呼吸于天地之间，其乐无穷。

渠村黄河分洪闸

• 濮上生态园 •

濮上生态园区位于城市西部黄河故道风沙区，占地面积近6 000亩，分中原绿色庄园和濮上园两个景区，是在政府主导下建起的集生态保护、园林观赏、休闲娱乐、观光旅游、林业科技示范、科普教育等多功能于一体的综合性林业园区。

中原绿色庄园是一处集生态保护、科技示范、观光旅游、休闲度假诸功能于一体的大型自然生态公园，占地面积约1 087亩。庄园采用以绿为主，师法自然、追求天趣的造园手法，致力于营造自然、清新、质朴、充满野趣的田园风光，使自然景色与人文景观有机融合，草地、湖泊、瀑布、小溪与建筑园林小品相映成趣，形成了松林听涛、竹溪观鱼、霜林赏秋、森林休闲、森林游乐、万梅闹春、百果园、百花园等功能景区，并设有动物园、垂钓园、骑士乐园、儿童乐园、杂技表演、水上游乐等观赏娱乐项目。在这里，自然景观和人工景点巧妙融合，充分体现了人与自然和谐共处的主题风格。

建园之前，这里是连绵起伏的沙丘，每到冬春季节，风起沙扬，黄沙漫天，严重威胁着城市环境。濮阳市委、市政府为改善城市生态环境，提升城市品位，加快城区西部开发，促进濮阳旅游业发展而确定了建设两处生态园区这一重点项目。

1999年3月，中原绿色庄园正式动工兴

中原绿色庄园

濮上园一角

建，建设者满怀豪情，历经16个月的昼夜奋战，在昔日连绵起伏的沙丘上创造出了这一蓊郁秀美的园林景观。中原绿色庄园于2000年7月1日开园，当年国庆黄金周游客接待量位居全省第二，成为“河南省十大热点旅游景区”之一。2002年进入国家AAAA级景区行列。

基于绿色庄园的成功开发，濮上园于2002年正式开工建设，历经一年多的紧张筹建，以山水体系和绿化为基础的主体景观初步形成，于2003年7月1日正式开园。濮上园的建设显著改善了城市西部的生态环境，昔日黄沙弥漫的荒丘和垃圾成堆的企业废弃地得到了有效治理，呈现出河湖相连、草绿树茂、候鸟群集、鱼藕满塘的生态景观。

名品荟萃

——巧手制作，智慧见证

工艺制作来源于生存需要，风味特产体现一方水土，每一项发明的背后都有一个动人的故事。从北宋建都汴京开始，濮阳民间工艺深受南北文化的熏染，并传承至明清，在今天仍长盛不衰。不管是工艺制作，还是风味小吃，都是历史名城濮阳传统文化的重要元素。

草辫

濮阳是河南省小麦作物的主产区之一。每年农历五六月，经过前后一个月的忙碌，小麦入仓，奠定了一年的生计基础。在夏收农忙季节，人们累了经常坐在田间地头拿着麦秆一边聊天一边随手编织各种造型，虽然粗糙，但天长日久，逐渐形成草辫制作工艺。由于制作材料似乎是“取之不尽，用之不竭”的，人们又喜欢这一土生土长的装饰品，遂使这门手艺发展成为产业。

濮阳的民间工艺草辫，起源于唐宋，兴盛于明清时期，至今已有上千年的历史，从那时起，在乡间就有“掐草辫”的传统工艺。据《清丰县志》记载：该地生产的草辫宽似韭叶，薄如缎带，柔韧若丝锦，光洁赛金玉，是令人叹服的上乘工艺精品。草辫经过加工后，本身可以直接上市，熏染后亦可用以制作各种各样的生活用品和工艺美术品。如今，清丰、南乐两县已经成为闻名遐迩的草辫之乡。在乡村，掐草辫是一项极普遍的家庭副业，上自白发老太，下至妙龄少女，皆技艺娴熟，无人不能。在传统技艺的基础上，经过民间工艺师和城市美术师合作创造，草辫品种更多，质地更加细腻，花纹更加精美，在中外市场极负盛名。许多作品如提篮、壶垫、门帘、地毯、草帽、壁挂、动物造型、人物造型，有“神织仙编，巧夺天工”之妙，深受海内外客商的欢迎。

草辫

濮阳草辫，变废为宝，体现了濮阳人民热爱生活、勤于创造的优秀品质。

清丰草帽

• 麦秆画 •

麦秆画是随着草辫的兴起并在其基础上创新而成的一种工艺品种。濮阳麦秆画与洛阳唐三彩、开封汴绣、南阳玉雕并称“河南工艺四宝”。

据地方志记载，约在宋朝末年，濮阳民间就开始流行利用麦秆拼贴出的扇子、昆虫造型及小装饰画之类的手工艺品，这大概就是濮阳麦秆画的雏形。到了清朝乾隆年间，濮阳清丰县一带的麦秆画已有一定的影响，当地的民间艺人已能熟练地掌握麦秆的平贴技艺。艺人们用椿胶、桃胶粘贴出“观音”“吉祥花草”等麦秆贴画，作为商品在集市上出售。

王华平『麦秆画』

中华人民共和国成立后，特别是改革开放以来，濮阳麦秆画从制作水平到成品包装都有了一个质的飞跃，麦秆画工厂如雨后春笋般遍布城乡。工艺师们利用麦秆的自然光泽、纹彩等，经过熏、蒸、刮、烫等十几道工序，从传统单一的平贴技法，发展到多层次粘贴、立体浮雕式粘贴技法，制作出的麦秆画有古典人物系列、动物系列、花鸟系列等，古色古香，精美绝伦，具有浓郁的地方特色，被海外友人称为“迷人的艺术”。濮阳麦秆画参加省级以上的艺术节、博览会60余次，荣获全国大奖50余项，并多次赴国外展出，受到参观者的交口称赞。目前这一工艺品的生产已形成规模，在市场经济中形成产业，并成为濮阳市和河南省对外交流的重要礼品。

家居之都 生态清丰

黑　陶

清丰县双庙乡龙城黑陶厂是中原地区知名的黑陶厂。该厂黑陶工艺品继承吸收了龙山黑陶及历史陶瓷工艺之精华，借鉴了青铜器、竹木器等多种工艺之造型，又有新的发展和创造。它集雕塑、堆塑、浮雕、贴花、刻画等多种工艺于一体，其成品黑如漆、明如镜、硬如瓷、击如磬，造型古朴端庄、典雅秀丽。其产品远销加拿大、新加坡、澳大利亚、日本、韩国等20多个国家。

黑陶

面　塑

南乐县谷金楼乡、韩张镇，清丰县东庵上村面人陈的彩色面塑，是一种独特的民间艺术品，平常很难见到，只有在乡间的古会上才能见到内容丰富、形态各异、花花绿绿的面塑作品，一家一家地摆在那里，任人挑选。

南乐面塑是一种装饰性手工艺品，做法是：先把面揉好，捏出神话人物、十二生肖、吉祥花卉等造型，再涂上大红大绿的颜色，接着上笼蒸熟、晾干，最后一件件迷人的面塑艺术品就摆在了人们面前。

陈正达面塑

• 剪　纸 •

剪纸始于唐代。逢年过节人们用彩纸剪成简单图样，贴在门首或器物上，一示驱祟，一示喜庆，后来内容逐渐丰富，花样日益繁多，成为一枝灿烂的艺术之花。

濮阳剪纸广泛普及，豆蔻少女即可操剪作画，一般作点缀、装饰、祝福和婚丧嫁娶用。题材多属借喻类，如“喜鹊登梅”象征喜上眉梢，“鱼戏莲花”象征连年有余，“鸳鸯戏水”象征夫妻恩爱，“松龄鹤寿”象征延年益寿。剪纸多饰于青春少女之窗、新婚洞房之内、匾额彩灯之表、少儿衣帽之上，表现珍禽瑞兽、花草鱼虫、戏曲故事和历史掌故等内容。

濮阳剪纸分单色和彩色两种，单色分阴刻和阳刻，彩色分套色、填色、点色、分色和白色。濮阳剪纸以单色阳刻最为普遍，仅用一种色纸，不加任何装点，线条清晰，朴实大方，具有北方人朴实浑厚、粗犷豪放的气质。其典型的艺术特点：一是构图饱满，丰富热烈，主题鲜明，于单纯统一中求变化；二是简化素材，突出中心，“剪鱼不剪水，剪花不剪秧，主次分明”，清新秀美；三是平视构图，形象突出，轮廓清晰，线条明快，动感强烈，富于诗意；四是构图连接整体一致，千刀不落，万刀不断，自然贴切，虚实合情。

剪纸

濮阳剪纸以点、线、面为基本表现形式，剪去为虚，留者为实；粗线为实，细线为虚；主体为实，空地为虚；重点为实，次点为虚。疏密粗细与块面大小对比鲜明，虚实相宜，大而不觉其粗，小而不觉其碎。剪纸人物重在眉眼夸张，意在突出其神，夸张变形合理适度，圆胖笨拙媚而不俗，鲜花数朵代满枝，以一当十显精神。

•壮　馍•

王五辈壮馍

壮馍是濮阳地区的经典名吃。所谓"馍"，是中原地区用面粉制成的块状食物的通称。壮馍的制作原料有牛肉（或羊肉）、粉条（或粉皮）、面粉，加葱、姜、盐、料酒、酱油、五香粉、味精和香油等调料。其制作过程包括烫面，加工肉丁、粉条，用面片包裹馅料，然后将其放在平底锅中煎烤等。一个壮馍的重量一般在1公斤左右，厚度5～6厘米，直径60厘米左右，成品外焦里嫩，香脆可口。2007年河南省商务厅将其命名为"河南十大传统风味名吃"之一。

在众多的壮馍制品中，濮阳老城的百年老店"烽火壮馍"及"王五辈壮馍"最为知名。王五辈12岁就开始做壮馍。他采用精白面粉、绿豆粉皮、大葱、猪肉、鸡蛋、八角、茴香等制作壮馍。在制作过程中，他还边做边改进配料及制作工艺，比如一改传统的单层平底锅为双层，杜绝了皮焦煳而馅生的现象；而在用油方面，采用纯芝麻油代替一般植物油。王五辈壮馍皮薄且脆、馅香味美，而且以菜切口整齐不散、不黏而为人称道。原国家主席李先念来濮阳时，专门点名品尝王五辈壮馍，并给予了高度评价。如今，王五辈壮馍已在北京、郑州、开封等地开设分店十余家，成为濮阳对外宣传地方饮食文化的重要名品。

•"六百居"香肠•

"六百居"香肠和壮馍一样，为历史悠久的濮阳地方名吃。其制作者祖居山东济南，距离濮阳约六百里，清康熙年间迁居濮阳开设香肠店，故称"六百居"香肠。相传，乾隆皇帝下江南特意经过濮阳品尝"六百居"香肠，并大加赞赏。"六百居"香肠是在原有传统制作工艺的基础上反复研究，科学配方，并加入开胃

“六百居”香肠

助消化的十几种天然香料，经真空密封、高温灭菌精制而成。香肠选材严格，配料考究，色泽光润，皮薄透油，吃起来香脆而不腻，味深而耐嚼，且便于携带，经久耐存。“六百居”香肠不加任何色素、防腐剂，已成为宴会、旅游、馈赠亲友之佳品。

• 渠村黑牛肉 •

渠村黑牛肉是在承袭祖传秘方的基础上，添加多种名贵中药材，精心腌制多日、文火煮制而成。明正统八年（1443）从山东东明县传入，清时成为朝廷供品。咸丰元年（1851），牛肉在送往皇宫过程中，由于当时交通不便，又没有冷藏设备，导致牛肉变黑长毛，但经御厨处理后，味道绝佳。咸丰皇帝品尝后龙颜大悦，亲题“高家奇香味葩”（渠村黑牛肉原为高氏家族祖传，有家谱记载）金匾，从此，渠村黑牛肉名扬中原。

• “状元红”酒 •

“状元红”酒，原名“红酒”，是一种药用酒，产于濮阳县清河头乡东村王氏家族，距今已有600多年的历史。据王氏族人称，清乾隆年间，一皇妃患病，面黄肌瘦，四肢无力，久治不愈，服用“红酒”后很快康复，不久又身怀龙子。乾隆皇帝非常高兴，赐黄马褂，并为“红酒”赐名“状元红”，从此成为皇宫贡品。此酒含人参、灵芝、当归等多种名贵中药材，酒质红润洁莹，馥郁芬芳，甘美可口，具有补气益血、健脾和胃、通关利节和明目提神之功效。

「状元红」酒

• 焦夫西瓜 •

焦夫西瓜，产于清丰县韩村乡焦夫村。瓜瓤分红、黄两种，个大皮薄，无筋而籽少，含糖量高，口感极佳。相传宋真宗品尝后龙颜大悦，从此成为贡品。

此外，属于濮阳名品的还有中药“开香附”，铁丘保元堂鼻炎专科，刘氏烧伤，曾在中南海销售的“御液酒”，养源堂郭氏枣醋、郭府老窖，刘记烧鸽，刘家面馆，胡府老窖，钟记手工挂面，魏氏香肠，十字坡陈香酒，桃园耗辣椒，李记猪蹄，福盛记黄米粽子，范县大包子，南乐豆腐干，范县合盛斋年画，富锦斋麦秆画等。它们的产生和发展都伴随着许多生动的传说和故事，并和古城一样历史悠久，是古城传统民俗文化的重要组成部分。

河南濮阳龙乡老味道

『非遗』概览——传统文化有声有韵

濮阳历史悠久，文化底蕴丰厚，其绚丽多姿的非物质文化遗产以其分布广、类型丰富、数量众多著称，具有鲜明的地方文化特色。濮阳现有14个门类的非遗项目5 000余项，列入国家级保护名录的8项，列入省级保护名录的42项，列入市、县两级保护名录的824项。全市现有国家级代表性传承人10人，省级代表性传承人47人，市、县级代表性传承人470人。濮阳市的杂技、戏剧文化资源在全国首屈一指，被中国杂技家协会命名为“杂技之乡”，濮阳地区有稀有剧种21个，数量居全国之首，是当之无愧的“戏曲中心”，2015年，濮阳市传统戏剧文化生态实验保护区被评为省级保护区。

• 濮阳“非遗”概述 •

濮阳非物质文化遗产主要分布在五县二区，内容涉及民间文学、民间音乐、传统舞蹈、传统戏剧、曲艺、杂技与竞技、民间美术、传统手工技艺、民间医药和民俗等十大类别。

（1）民间文学：有流传于范县的郑板桥传说、清丰孝道故事、南乐县的仓颉造字传说、台前水浒传说、市辖区孔子的传说、子路的故事、濮阳县的舜帝传说等民间故事、二十四节气的传说等。

（2）民间音乐：有打夯号子、黄河号子、清丰锣鼓、尖子号、民间小调、民谣、小曲、柳格唢呐等。

（3）传统舞蹈：有秧歌舞、范县抬垄舞、彩云舞、清丰五彩纸龙舞、铁花火龙舞、麦秆龙舞、韩村舞狮、五鬼闹庙舞、哈达官、水族舞、舞老虎、王小赶脚、篮婆下神、二鬼搬、娘娘车、打穷伞等。

（4）传统戏剧：有大弦戏、柳子戏、罗卷戏、大平调、目连戏、四平调、五腔调、枣梆戏、二夹弦、山东梆子、落腔、四股弦等。

（5）曲艺：有莲花落、北路坠子、山东琴书、道情、莺歌柳、乔派坠子、竹板落子、板凳头、评词、花鼓、旱书、唱秧歌、大鼓书、拉洋片等。

（6）杂技与竞技：有东北庄杂技、宗氏杂技、娄昌湖杂技、梅花拳、白衣村佛汉拳、驯兽等。

（7）民间美术：有范县何氏木版年画、刘堤口年画、刘氏麦秆画、聂氏麦秆画、王氏麦秆画、富锦斋麦秆画、李氏葫芦烙画、剪纸、泥塑、面人陈、陈氏绢艺、通草浮雕、李氏龙锦等。

（8）传统手工技艺：有纸扎、草辫、龙灯彩扎、范县柳编、王五辈壮馍、桃园耗辣椒、郭氏枣醋、王氏老粗布、铁丘老粉皮、胡府老窖、渠村黑牛肉、辘轳制作工艺、堤上刘刺绣、仙庄草辫、东庵堂月饼、魏记月饼、双庙王记凉粉等。

黄龙潭的故事

老寿星的传说

柳姐

泥马渡康王的传说

（9）民间医药：有铁丘保元堂鼻炎专科、张氏正骨、刘氏烧伤、王氏埋线疗法、王氏针灸、南乐穿线疗法等。

（10）民俗：有王海鳌山灯会、仓颉庙会、瑕丘庙会、张曹水陆庙会、西吉村布袋会、马大爷庙会、白衣阁庙会、南里商庙会、东白仓庙会、西白仓庙会、五楼面人会等。

其中濮阳戏曲、杂技、麦秆画、古庙会别具特色，是重要的民俗文化样式。

戏曲 上古时代，颛顼建都于此，曾作《六茎》之乐；春秋时期，孔子四次临卫，把家乡的傩戏传至濮阳。清末民初，濮阳戏班的影响东至济南，西达太行，南逾周口，北抵石门，以至整个中原地区，至今尚留“南乐万（万家班），清丰洪（洪家班），濮阳有个开州平（大平调）”的佳话。就剧种和剧团数量来说，河南跃居全国之首，而濮阳又为河南之冠，堪称“戏曲之乡”中的“戏曲中心”。历史上曾有20多个剧种活动在濮阳大地，如目连戏、大弦戏、大平调、柳子戏、四平调、二夹弦、落腔、五调腔、山东梆子、坠剧、曲剧、山西梆子、河北梆子、歌舞剧、枣梆、豫剧、京剧、莲花落、大笛子戏等。不同剧种因流布地区的语音、民风习俗等的差异，形成各具特色的艺术风格，如二夹弦委婉缠绵，落腔凄怨哀婉。在戏曲事业发展的历程中，濮阳戏曲曾取得许多令人瞩目的成就，涌现出一大批著名演员和剧作家，10余部剧目被灌制成唱片、光盘发行全国，多次荣获国家级、省级大奖。2006年大弦戏、大平调、目连戏、四平调被国务院列入首批国家级非物质文化遗产名录。一个地级市同时有4个剧种被列入首批非物质文化遗产名

戏曲演出

仙姿玉立 摄影：僧少琴

录，在全国首屈一指。

杂技 源自上古，至汉代已出现倒立、扛鼎、马戏和幻术。明清以来，民间庙会迭兴，立棚马戏，数家竞技，有立马、翩马、打弹、藏身、上竿、窜圈等多种技艺。延续至清代，又有长足发展：东北庄艺人乔治清于清末组建杂技班，曾率班赴清宫献艺，演出盛况空前；1934年，乔治清率班赴日本、朝鲜和俄国演出，名扬海外。濮阳杂技属北派，以真功夫见长，风格粗犷豪迈，刚健洒脱，极富乡土气息和民间特色。杂技种类有形体技巧、幻术表演、高空造型、硬气功、动物驯化、乔妆表演等六大项。濮阳杂技品种技目繁多，自古以来总计达400多个。2001年东北庄荣获“中国杂技之乡”美誉。2008年6月，东北庄杂技被列入第二批国家级非物质文化遗产名录。

古庙会 在民间，具有一定规模和组织样式的古庙会有仓颉庙会、五楼面人会、张曹水陆庙会、庆福寺庙会、韩公庙会、花园屯庙会、城隍庙会等90多个。其中，濮阳县堌堆庙会已有上千年历史，仍然保留着数千人同吃一锅饭的风俗，其规模之大，管理之规范，全国罕见，极具地方特色。

麦秆画 相传起源于隋朝宫廷。麦秆画又称麦草画、麦烫画、麦秆剪贴等。它和剪纸、布贴一样，是一种剪贴艺术，是一种民间传统手工艺。麦秆画以普通的麦秸作原料，利用其自然光泽及适度柔韧的特点，通过熏、蒸、烫、漂、割等十几道工序制作而成。它光泽度高，艺术

点草成金 聂氏麦秆画

聂氏麦秆画《虎》

感染力强，人物图案舒展自如，姿态神情生动逼真，各种题材皆可表现。近年来，濮阳麦秆画工艺不断创新，受到国内外人士的高度赞誉，麦秆画成为濮阳名片。聂远征、刘丽敏、王华平、王铭伟、王淑霞的麦秆画较为有名。刘丽敏的麦秆画构图精细，剪工讲究，粘贴细腻，备受世人青睐。刘丽敏的麦秆画技术获国家专利并获首届中国国际民间艺术博览会金奖，其巨幅麦秆画作品《虢国夫人游春图》被人民大会堂收藏。王华平的麦秆画作品《豫龙》曾多次获奖，并被100多个国家和地区的博物馆收藏。2014年7月，聂氏麦秆剪贴画被列入第四批国家级非物质文化遗产名录。

近年来，濮阳市认真贯彻落实《中华人民共和国非物质文化遗产法》和《河南省非物质文化遗产保护条例》，坚持“保护为主、抢救第一、合理利用、传承发展”的工作方针，率先开通了全国首部“非遗”保护电话，长年坚持“非遗”进校园、进乡村、进社区活动，深入挖掘“非遗”资源，实施科学有效保护，丰富传承传播活动，“非遗”保护工作取得显著成绩。濮阳市先后被评为“河南省非物质文化遗产普查工作先进单位”“河南省稀有剧种抢救工程先进单位”等10余项荣誉称号。

• 戏曲传承　唯我独秀 •

■ 目连戏

目连戏是专演“目连救母”故事的一个古老剧种。这个故事最早见于东汉初由印度传入我国的《佛说盂兰盆经》，“盂兰”是梵文音译，意为“救倒悬”。唐朝文人将其改编成说唱文学《目连救母》。有关目连戏最早的文字记录见于南宋孟元老撰写的《东京梦华录》中“中元节”里

目连戏

柳子戏

记载："构肆乐人，自过七夕，便般'目连救母'杂剧，直至十五日止，观者增倍。"

20世纪60年代之前，清丰、南乐目连戏约有七八个农村班社，后逐渐减少。南乐目连戏，清丰主堡寨、旧城、东庵上目连戏传承至今。南乐县前郭村目连戏，据传自北宋由开封流传过来，已近千年。南乐目连戏集戏曲、杂技、焰火、魔术等表演艺术于一身，带彩特技，服装、道具、化装、表演均有独特之处。由于深藏民间，至今仍保留粗犷、原始的本来面目。2006年5月，南乐目连戏被列入首批国家级非物质文化遗产名录。

柳子戏

清丰柳子戏又称"百调子""柳子腔"，是我国稀有的古老剧种，流行于河南、山东部分地区，由元明时期的"弦索"系统演变而来。柳子戏曲牌中既有宫廷味较重的雅曲〔锁南枝〕，又有泥土气息浓郁的俗曲〔柳子〕；既有古朴苍劲、激昂挺拔的〔调子〕，又有九腔十八调、活泼抒情的〔一江风〕；既有清雅细腻的细曲〔二凡〕，又有粗犷奔放的粗曲〔赞子〕。柳子戏音乐结构华丽，无论是雅曲还是俗曲，音乐节奏和旋律都极有规律。柳子戏剧目体裁多样，曲牌丰富多彩，声腔悦耳动听，辞藻典雅工丽，集各剧种之精华，自成一派，独树一帜。2008年6月，清丰柳子戏被列入第二批国家级非物质文化遗产名录。

大弦戏

范县罗卷戏

大弦戏

濮阳县大弦戏是一个流行于豫北、鲁西、冀南一带的古老而珍稀的曲牌剧种，至今已有1 000多年的历史。濮阳大弦戏剧团的前身“公兴班”，于北宋末年由宫廷走向民间，扎根濮阳千年不散。唐宋大曲〔海里花〕〔江头金桂〕及“跳加冠”“赤膊戏”、原始剧目《夜探九洪江》《孙武子兴兵》等众多稀有剧目和表演形式，均在大弦戏里原汁原味地保留着。

大弦戏有300多个唱腔曲牌，其中“唐宋大曲”弥足珍贵。中国非物质文化遗产保护中心副主任田青曾对其做出高度评价：濮阳大弦戏“唐宋大曲”的发现与展示，打破了国外专家关于“中国的古代音乐史是一部无声的音乐史”的定论，填补了我国古代音乐断代、失传的空白。2007年10月，濮阳大弦戏剧团应文化部和中央音乐学院邀请赴京演出，得到文化部领导和100多位专家学者的高度评价。《中国文化报》《河南日报》等媒体进行了多次报道。2006年5月，濮阳大弦戏被列入首批国家级非物质文化遗产名录。

罗卷戏

范县罗卷戏，又名大罗戏、大笛子戏、大笛子罗罗，是流行于豫北、鲁西南、冀南一带的古老而珍稀的曲牌剧种。它源于唐，成于宋，盛于元，是中国戏曲的“活化石”。罗卷戏的大曲大多来自宫廷，又在民间不断得到丰富和演变，既有唐宋大曲的余韵，又具元明杂剧的遗风。罗卷戏拥有8大声腔体系，300多个唱腔曲牌，300余部剧目。罗卷戏以大笛为主奏乐器，配以三弦、笙、尖子号、四大扇等，造型以民间武术大洪拳和梅花拳为基架，武打多用真刀真枪，动作、脸谱、服饰极其夸张，是我国宝贵的文化遗产。2008年6月，范县罗卷戏被列入第二批国家级非物质文化遗产名录。

大平调

大平调，又称大梆戏，始于明朝初期，源于开州（今河南濮阳），世称“开州平”，主要流行于豫、鲁、冀、晋、皖等地区，是深受群众喜爱的土生土长的稀有剧种。其唱腔浑厚高亢、婉转优美，表演粗犷豪放、刚中带柔，常用乐器有大弦、大梆子、尖子号等。濮阳大平调剧目丰富，极具特色，在全国戏曲文化中占有重要地位。20世纪50年代，著名演员翟德贵曾作为优秀文化工作者赴京参加全国群英会，受到周恩来、朱德等国家领导人的接见和赞扬。他主演的《收姜维》《白玉杯》，被中国唱片公司灌制成片发行全国。20世纪60年代，安阳地区6个县的大平调剧团合并为濮阳县大平调剧团，名角荟萃，前所未有。20世纪70年代，剧团演出的大型现代戏《红灯记》《杜鹃山》《八一风暴》等名扬华北地区。20世纪80年代，剧团受邀赴京演出《包公碑》，还拍成电影并出版了连环画册。2006年5月，濮阳大平调被列入首批国家级非物质文化遗产名录。

四平调

四平调是流行于河南、山东、安徽、江苏等地的一个地方稀有剧种，它由豫皖交界一带的苏北花鼓演变而来。因四平调

大平调

四平调

的基本板式平板取之于花鼓的平调，且兼有四省之意，故称四平调。

范县四平调传统剧目主要有《陈三两爬堂》《小包公》《王宝钏》《杨八姐盗刀》等100多个。范县四平调剧团成立于1953年，建团以来演出的传统剧目在当地极负盛名。1965年，范县四平调剧团在河南省现代戏调演中，自编剧目《扒瓜园》被评为优秀剧目，后参加中南区调演，在全国引起轰动。“文化大革命”时期，范县四平调剧团成为全国唯一保留的四平调剧团。2003年，剧团演出的四平调小戏《母亲》参加河南省第八届小戏大赛并获金奖，该剧目被评为河南省“群星奖”。2006年5月，范县四平调被列入首批国家级非物质文化遗产名录。

• 东北庄杂技 •

濮阳华龙区东北庄杂技历史悠久，从元末明初至今，已有数百年历史。它借鉴南北两派杂技艺术风格，吸收舞蹈、戏剧、体育等技术精华，既有北派杂技的粗犷豪放，又有南派杂技的缤纷斑斓。

清朝中期，东北庄杂技形成了著名的“乔、刘、李”三家班。乔家班曾奉清政府之命，率团到日本、印度等国家演出。光绪年间，慈禧太后亲赐乔家班万寿龙灯和瓷壶作为奖励。

东北庄现有农户550多户，其中“杂技世家”80余户，杂技艺人400余名。中华人民共和国成立以来，该村为国内外输送杂技人才500多人，其中37人担任各地杂技

央视网

杂技之乡

东北庄　摄影：吴斌

国家级非物质文化遗产——东北庄杂技标牌

凌空翱翔　摄影：僧少琴

团团长，杂技演员遍布世界各地，在世界大赛中屡屡获奖。2001年10月，东北庄被中国杂技家协会授予“中国杂技之乡”称号，与河北吴桥杂技有“中国杂技南北两故里”之誉。2008年6月，东北庄杂技被列入第二批国家级非物质文化遗产名录。

• 民间艺术 •

■ 舞龙、舞狮、舞虎

濮阳舞龙、舞狮、舞虎历史悠久，可溯源至西水坡45号墓出土的6 000多年前的蚌塑龙虎图案。千百年来，濮阳人用舞龙、舞狮、舞虎来祈祷神兽的保佑，以求得风调雨顺、五谷丰登。

舞龙所用道具是用草、竹、布等扎制而成的，节数以单数为吉，多见9节龙、11节龙、13节龙，多者可达29节。以前濮阳民间还有一种“火龙”，用竹篾编成圆

舞龙

舞狮

秧歌

筒，形成笼子，糊上透明、漂亮的龙衣，内燃蜡烛或油灯，夜间表演十分壮观。动作有龙盘垛、凤凰双展翅、蛟龙漫游、龙头钻裆子、头尾齐钻、龙摆尾和蛇蜕皮等。濮阳舞龙表演多次参赛，均取得较好成绩。

濮阳舞狮属于北派，狮舞以表演“武狮”为主。小狮一人舞，大狮由双人舞，一人站立舞狮头，一人弯腰舞狮身和狮尾。舞狮人全身披包狮被，下穿和狮身相同毛色的绿狮裤和金爪蹄靴，人们无法辨认舞狮人的形体，它的外形和真狮极为相似。引狮人以古代武士装扮，手握旋转绣球，配以锣鼓，逗引狮子。狮子在“狮子郎”的引导下，表演腾翻、扑跌、跳跃、登高、朝拜等技巧，并有走梅花桩、蹿桌子、踩滚球等高难度动作。南乐县五花营狮子舞还有剧情，以表演水泊梁山好汉为主，颇具特色，被列入河南省非物质文化遗产普查十大新发现。

濮阳民间多舞龙、舞狮，舞虎较少见。清丰县双庙乡东庵上村世代传承的舞老虎，填补了河南舞虎艺术的空白，堪称中原第一虎。东庵上村的舞虎套路复杂烦琐，舞虎的绘制形式古老考究，具有很高的研究价值。

秧歌

濮阳秧歌历史悠久，是劳动人民长期创造积累的艺术财富，它起源于抗洪斗争。古代濮阳黄河岸边的百姓，为了生存，奋力抗洪，最后取得胜利，大家高兴地拿起抗洪的工具当道具，唱起来，跳起来，抒发高兴的心情。随着参加人数的增多，增加了舞蹈动作和舞蹈组合，逐渐就形成了秧歌。濮阳的秧歌和古代祭祀农神祈丰收、祈福禳灾时所唱的颂歌、禳歌有关，并在发展过程中不断吸收农歌、民间武术、杂技及戏曲等技艺形式。

濮阳秧歌一般以秧歌舞队为主要形态，舞队人数少则十多人，多时上百人，既有集体舞，也有双人舞、三人舞等多种表演形式，根据角色的需要手持相应的手绢、伞、棒、鼓、鞭等道具，在锣鼓、唢呐等吹打乐器的伴奏下尽情舞蹈，动作和风格各不相同，有的威武雄浑，有的柔美俏丽，千姿百态，美不胜收。经济技术开发区马辛庄、清丰县的唱秧歌有一定特色。

聂氏麦秆剪贴画

清丰县麦秆剪贴画渊源可溯至隋朝，盛于明清。明朝宣德年间，清丰县阳邵乡聂家开始从事麦秆剪贴画制作，传承至今已有数百年历史。聂氏麦秆剪贴画利用本地的优质麦秆，经过熏、蒸、劈、缠、

聂氏麦秆画《五虎闹春》

刮、粘、剪、刻、编等多道工序，制作出人物、动物、花鸟等图案，古色古香，栩栩如生。聂氏麦秆剪贴画传统技艺主要有平贴技法、多层次粘贴、立体浮雕式粘贴等。聂氏麦秆剪贴画在国内外具有一定的影响，先后荣获中国民间文艺最高奖“山花奖”等多项大奖，并多次受邀到海外进行文化交流。2014年7月，清丰县麦秆剪贴被列入第四批国家级非物质文化遗产名录。

剪 纸

剪纸，即用剪刀将纸剪成各种各样的图案，如窗花、门笺、墙花、顶棚花、灯花、纸草等。剪纸是一种镂空艺术，是中国汉族最古老的民间艺术之一。濮阳剪纸历史悠久，多在农村流传。这种民俗艺术的产生、流传与濮阳农村的节日风俗有着密切关系，逢年过节或新婚喜庆，常常会贴“囍”字，人们把美丽鲜艳的剪纸贴在雪白的墙上、明亮的玻璃窗上，以及门上、灯笼上等，渲染喜庆气氛。

濮阳剪纸流传广泛，内容丰富多彩，颇具地方特色。濮阳剪纸主要反映人们祈求丰衣足食、人丁兴旺、健康长寿、万事如意等朴素的愿望。濮阳剪纸种类繁多，

任景环剪纸

有喜庆剪纸、礼仪剪纸、祛病剪纸、生活剪纸、福寿剪纸、婚禧剪纸、生殖剪纸、丧葬剪纸、图案剪纸、底样剪纸和现代生产劳动剪纸等。濮阳剪纸艺术家众多，其中清丰县任景环老人是河南省著名剪纸艺术家，其事迹和作品被载入《中国剪纸：豫北卷》。

民间草辫

草辫是濮阳境内民间的传统工艺，草辫生产已有上千年的历史，其中清丰、南乐草辫制品最负盛名。1986年，清丰县被文化部命名为“中国草辫之乡”。濮阳草辫质地柔韧，色泽光洁，花纹精美，是编织草制品的主要原材料。掐制草辫，是当地一项普遍的家庭副业。尤其是在农村，从妙龄少女到白发老太，随处可见她们在饭后闲暇，腋下夹持着用水浸泡过的麦莛儿，两手飞快地掐制草辫，俗称麦莛七根，左三右四互别之，向前延伸，这便是掐制草辫的真实写照了。用草辫编制的提篮、壶垫、门帘、地毯、草帽、壁挂、动物造型、人物造型等，栩栩如生，逗人喜爱，有“神织仙编，巧夺天工”之

掐草辫

妙。草辫产品除满足国内市场需要外，还远销日本、新加坡、加拿大等10多个国家和地区。

老粗布

老粗布又名手织布或老土布，是世代传承的一种纯棉手工纺织品，具有鲜明的民族特色。老粗布冬暖夏凉，透气性好，不易搓起，不卷边，抗静电；又因其线粗纹深，整个布面形成无数个按摩点，具有良好的保健和美肤作用。老粗布织造工艺极为复杂，从采棉到成布要经过牵经、闯杼、刷线、穿综、挂机、织布等大小72道工序，手织布以22种基本色调经过精心设计，变幻出近2 000种绚丽多彩的图案，堪称千变万化，巧夺天工。濮阳老粗布以“憨婆婆”品牌老粗布最负盛名。

五彩神衣

濮阳县郎中乡王海村历史悠久，民俗文化丰厚，该村不仅是梅花拳发源地之一，还是省级“非遗”项目“鳌山灯会”所在地，该村妇女们制作的五彩神衣色彩斑斓，制作精美，颇具特色。经专家考证，王海村五彩神衣敬神风俗是中原地区少见的民俗现象，其神衣也是不可多得的民间艺术品。

葫芦烙画

烙画艺术历史悠久。根据出土文物显示，早在三国时期就出现了烙有竹梅图案的筷子。清丰高堡葫芦烙画，又名烫画，

五彩神衣

葫芦烙画

创作葫芦烙画

古称“火针刺绣”“火笔画”“烫画”等。高堡民间艺人在葫芦上作画时，能巧妙自然地把绘画艺术的各种表现技法与烙画艺术融为一体，形成了独特的艺术风格，是我国珍贵的稀有画种。

高堡葫芦烙画第四代传承人李化龙在家传技艺的基础上，博采众家之长，以深厚的烙画功底，形成了独具一格的李氏烙画风格。李化龙葫芦烙画以传统吉庆寓意、山水花鸟等题材为主，“福在眼前”“事事如意”“富贵”“福禄寿喜”“垂钓图”等是其代表作。李化龙烙画作品古朴、庄重、典雅，在国内多次荣获大奖。2012年，高堡葫芦烙画被列入濮阳市第三批非物质文化遗产名录。

布老虎

清丰、南乐布老虎历史悠久，以品种多、流传广著称，颇具乡土特色。南乐

南乐布老虎

李氏布老虎造型夸张，色彩多以红、黄、绿三色为主，色彩讲究浓艳，色块对比强烈，基调热烈明快，使得整个布老虎形象鲜明生动。李氏虎头鞋做工复杂，鞋面颜色以红、黄为主，虎嘴、眉毛、鼻、眼等处常采用粗线条勾勒，夸张地表现虎的威猛气势。清丰县双庙乡东庵上村布老虎设计古拙，颜色大红大绿，颇具特色。2013年12月，李氏布老虎被列入濮阳市第四批非物质文化遗产名录。

面人

南乐县韩张镇五楼村面人会历史悠久，至今已有300余年历史。庙会上的面人内容丰富多彩，有十二生肖、石榴、苹果、花卉等，造型逼真，色彩艳丽。2010年2月，五楼村面人会被列入濮阳市第二批非物质文化遗产名录。清丰县东庵上村的

面人陈

面人也颇具特色，其中面人陈的作品堪称一绝。

“龙虎福寿”字画

明嘉靖年间，兵部尚书苏祐（今范县人）在任时，邀天下才子40余人比赛书法，所得头名者刻碑传世。曹炳的拳指书“龙虎福寿”被评为第一，刻碑四通藏于濮州。清末民初，濮州名士、教育家洪世昌先生曾为此四字撰写《记》。日军侵略中国时，刻碑被当地群众深埋地下，才免遭于难。“文化大革命”时期，四碑被毁。现存四字作品是中华人民共和国成立前拓片，利用现代技术照原貌修复而成。

字画“龙虎福寿”集诗、书、画为一体，拳书、象形字置于幅面下方，如腾龙出海，似猛虎雄踞，像龙凤亲吻，同寿星仙姿；四字上方各依主体字意赋诗，五言七律，指墨草成，字体苍劲，诗词隽永，浑然天成，具有很高的艺术鉴赏和收藏价值。

2015年，由范县籍知名企业家张雷民出资重刻范县“龙虎福寿”碑四通。由4块刻石组成，每块高170厘米、宽85厘米。碑上大小字均为拳指书，大字五指夹棉，小字指尖蘸墨书写，古朴遒劲，为拳指书一绝。四碑现立于范县文化产业园内。

陈氏通草浮雕

通草是一种中药材，其色泽洁白如玉，有不蛀、不褪色等特点。华龙区陈氏第五代传承人陈军传承的通草浮雕画技艺，距今已有100多年的历史。陈氏通草浮雕根据通草的特性，制作出的通草浮雕画栩栩如生，自然天成，晶莹剔透，色泽丰富饱满，典雅高贵。主要作品有花鸟系列、山水系列、人物系列等；先后参加过海内外工艺美术展览30多次，获国家级金奖10余项、国家专利3项；2009年，获中国工艺美术最高奖“百花奖”金奖；2010年，入选上海世博会。同年，邮政总局和国家权威部门联合为通草浮雕发行邮票。陈氏通草浮雕连续4年被评为中华民族艺术珍品。其作品被国家文物局、博物馆、中国工艺美术馆等收藏。2015年，通草浮雕被列入河南省第四批非物质文化遗产名录。

员氏古沉木雕

古沉木又名“阴沉木”“乌木”等，有“东方神木”之称。在远古时期，原始森林中的名贵树木，由于受到地震、山洪、泥石流等重大自然灾害侵袭，而被深埋于江河、湖泊，随着时间流逝，这些枯木残根历经几千年甚至上万年的水中浸泡、磨压，形成了古朴凝重、铜打铁铸般的效果。其形态各异，色彩斑斓，彰显庄重大气之美，被世人称作万木之“精灵”。古沉木可广泛用作名贵雕塑、寿材、家具等，自古以来被视为名贵木材、稀世之宝。

员氏古沉木雕源于明代，其传承人能在数米巨木或不足盈尺的面积中，将神仙人物、花草鱼虫、飞禽走兽等勾勒得疏密得体，栩栩如生。其造型丰富，风格独特，或浓烈或清淡，或粗犷或细腻，或华丽或质朴，或神秘或直白，或夸张或写实，无不散发着奇异、震撼、迷人的艺术感染力，堪称艺术殿堂里的一朵奇葩。华龙区员氏第六代传承人员增荣痴迷于古沉木雕刻艺术，建立了员氏古沉木艺术展览馆，获第四届中国民间艺术节“最受欢迎的民间艺术家”称号，并获第六届中国民间工艺品博览会金奖。2015年，员氏古沉木雕被列入河南省第四批非物质文化遗产名录。

陈氏绢艺

经济技术开发区陈氏绢艺源于滑县秦氏绢艺，秦氏绢艺始于明末，至今已

员增荣作品《女娲补天》

员增荣作品《佛手青莲》

有近400年的历史。秦氏绢艺第十世传人秦书田，在该手艺后继乏人的情况下，打破“传男不传女”的旧规矩，将手艺传给女儿秦三起，后秦三起传于儿子陈志峰，言传身教，耳提面授，使得该手艺发扬光大。

陈氏绢艺

陈氏绢艺制作要求十分严格，其工艺繁杂耗时，须经100多道工序，才能完成一件“白菜”作品。陈氏绢艺作品题材丰富，主要有人物、树木、草虫、飞鸟、器具等40余种，其中《蝈蝈白菜》寓意丰富，造型栩栩如生，令人震撼，是陈氏绢艺中的代表作品。陈氏绢艺，2013年被列入濮阳市第四批非物质文化遗产名录，2017年被评为“河南老字号”。

三娘子舍身救百姓

孙二娘二进十字坡

养源堂的故事

榆园军的传说

枣格村

城市名片

——面向未来的新濮阳

龙乡濮阳古老而又年轻，正以前所未有的热情和朝气憧憬明天，拥抱未来。龙乡人真诚地递上名片，欢迎您的光临。

美丽新濮阳 摄影：僧少琴

央视网
东南西北过大年 濮阳

• 名片之一：中华龙乡 •

1987年，濮阳西水坡出土了6 000多年前中华先民创造的龙形象。与同时期考古发现的其他龙相比，它内涵丰富，形象逼真，堪称中华龙形象的正宗鼻祖。故宫博物院原院长张忠培当时亲临考古工地，在对蚌龙进行仔细观察和揣摩之后，激动地说："我总算给故宫的龙找到了祖先，它不仅是中华第一龙，更是世界第一龙。""中华第一龙"的美誉由此诞生。

龙虎图案的出土，引起了海内外学术界的广泛关注。三十多年来，学者们对它进行了多角度、全方位的深入研究。中华炎黄文化研究会、河南省炎黄文化研究会、濮阳市人民政府从1995年开始，围绕"龙文化与中华民族""龙文化与现代文明""龙文化与和谐社会""龙文化与科学发展"联合举办了四次全国龙文化专题学术研讨会，专家们一致认为，"中华第一龙"的发现不是偶然的，而是濮阳这一古代文明圣地应有的杰出作品。

谈到中华民族的悠久历史，有一句俗语叫作"三皇五帝到如今"。虽然对三皇和五帝的具体所指文献记载各不相同，但他们都是对早期中华文化做出重大贡献的人文先祖，而且多多少少都和龙有着独特的关系。三皇中的伏羲，五帝中的颛顼、帝喾、舜都以濮阳为生活中心或曾在这里频繁活动。伏羲"龙身牛首"，"受龙图，画八卦”，“有景龙之瑞，故以龙纪官”，而华胥履大足印而孕伏羲神话的发生处——雷泽即在今天范县一带。濮阳自古是颛顼及其部族的活动中心，文献称之为“颛顼之墟”。今天濮阳市周围有颛顼和帝喾的陵墓，俗称“二帝陵”，而文献有“颛顼乘龙至四海”“帝喾乘两龙而游”的传说。帝舜在雷泽渔猎、在顿丘（今清丰县）进行最早的商业交换，他一生下来，便龙颜大口，长大后险为同父异母兄弟落井下石所害，化为游龙而逃生。濮阳又是鲧、禹父子治水的主要地区，而他们一个是黄龙，一个是虬龙……诸多传说使濮阳成为“龙”神话的最早发生地。西水坡发现龙虎墓后，人们对墓主人进行了多种猜测，但无论如何，墓主人是一位了不起的龙族先祖则毫无疑问。从神话传说到考古发现，人们找到了龙文化发展的逻辑联系——濮阳是当之无愧的龙源圣地。

西水坡蚌龙形象的创造是以濮阳地区高度发达的史前农业文明为背景的。人类学和民俗学表明，龙的起源与农业生产对水的需要密切相关。龙的专有化和神圣化则又是阶级社会来临的标志。中原地区是最早产生农作经济的地区，也是率先进入文明时代的地区。濮阳建市以来，发现了数量众多的新石器时代先民的聚落遗址，它们多集中在河岸边的高地上，今天称之为“丘”“台”“坟”，如帝丘、瑕丘、铁丘、蒯聩台、霸王台、皇姑坟等。这些遗址的年代前后延续数千年，与新石器时代相始终。西水坡遗址就是这一时代发达的农业经济的代表。它的面积约5万平方米，出土的陶鼎在规制上简直可以和商周时代的青铜鼎相媲美，反映了当时的人口众多和部落强大。而规模空前的龙虎大墓的出现则预示着社会体制正在进行的某种变革——墓中的那位酋长驾龙御虎，带领族人走向一个新的时代。龙虎墓给人留下了关于王权形成的广阔的想象空间。2008年，在与西水坡遗址相距不远的戚城遗址，考古工作者发现了夯筑技术先进的龙山文化时期的城址，表明当时已经是贫富尖锐对立的阶级时代了。

人们喜欢用迷信来概括一切宗教崇拜，殊不知在人类的幼年时期，宗教是孕育科学的意识形态，也是人类社会发展的一个重要标尺。对龙的崇拜即是这样。科学的不发达导致神权意识萌生，知识的积累又给人类以前进的希望和力量。龙除了代表王权和神权外，一是为了表达控制

龙形象

水的欲望——“何时缚住苍龙”；二是用以表达天象认识的成果——包括苍龙星座在内的中国古代“四象”或“四神”原是为了制定历法而想象出来的；三是表达不畏艰险、勇往直前的进取精神——虎踞龙盘、龙腾虎跃。西水坡龙形象，据考证是以鳄鱼为原型的，人们把它当作神物来崇拜原是和水有关系；龙虎的并存似乎又让人联想到天文学中的“四象”和“四神”；龙虎与人相伴，又分明向世人表达了认识自然、征服自然的勇气和力量，是中华民族阳刚审美意识的最早体现。

总之，西水坡龙虎墓使目前学术界达成一个共识：濮阳是中华龙文化的发源地。在1995年的龙文化学术讨论会上，当中华炎黄文化研究会郑重地将“龙乡”铜牌颁发给濮阳时，所有专家学者都报以热烈的掌声。

自西水坡蚌壳龙虎出土以来，叫响“龙乡”品牌，扩大对外影响，发展龙文化产业，是濮阳市委、市政府矢志努力的一个重要目标。2003年，濮阳市成立了龙文化专题学术研究团体——濮阳龙文化研究会。研究会成立以来，为传播、研究中华龙文化做出了重大贡献。2000年以来，市政府以龙文化为主题，定期举办

中华炎黄文化研究会命名濮阳为“龙乡”的标牌

"龙文化艺术节"，该艺术节已经成为濮阳每年贡献给广大人民群众的一道文化大餐。2009年，濮阳市委、市政府又做出重大决策：斥巨资建设"中华第一龙"出土地——西水坡遗址，把它建成集历史文物考古研究、中华龙文化陈列展示和风景园林为一体的中国最大的龙文化专题景区。如同郑州邙山"炎黄二帝"巨塑那样，"中华第一龙"艺术造型将成为中华文化的又一宏伟地标。

• 名片之二：杂技名城 •

濮阳杂技萌芽于春秋，形成于汉代，兴盛于明清，发展于现代，以功力深厚、技艺精湛著称于世。濮阳东北庄与河北吴桥并称"中国杂技南北两故里"。东北庄杂技2007年、2008年分别被河南省政府、国务院列入非物质文化遗产名录。自从河南省委、省政府提出大力发展文化产业以来，濮阳市委、市政府先后印发了《濮阳市建设文化强市规划纲要（2008—2020）》《关于进一步深化文化体制改革加快文化产业发展的若干意见》等文件，明确了以杂技产业为龙头的战略部署，把杂技产业作为文化强市建设的支柱产业，形成了杂技教育、创作、演出、衍生品制作等完整的产业链条，年创汇超亿元。濮阳杂技多次代表国家和河南省参加国际演出，先后在国际国内大赛中获奖300多项。

2009年9月20日，在中华人民共和国成立60周年之际，濮阳中华龙文化节、杂技艺术节隆重开幕。在开幕式上，中国杂技家协会秘书长邹玉华宣读了《关于命名河南省濮阳市为"中国杂技之乡"的决定》："为了弘扬祖国传统文化，表彰那些用杂技艺术丰富人民群众生活，对繁荣杂技事业做出积极贡献的地区，经河南省杂技家协会推荐，中国杂技家协会对河南省濮阳市进行了实地考察和严格考评，并报中国杂技家协会主席团同意，决定命名河南省濮阳市为'中国杂技之乡'。"中

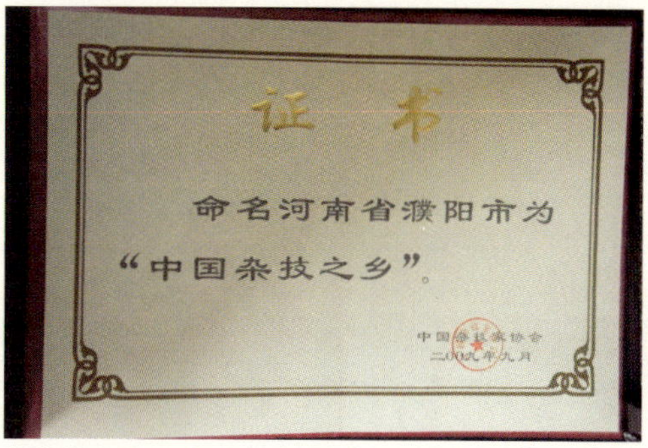

2009年中国杂技家协会命名濮阳为"中国杂技之乡"的证书

国杂技家协会党组书记林建向濮阳授予“中国杂技之乡”的牌匾。

在党和政府的领导和关怀下，在社会各界期盼的目光中，经过濮阳人的奋力拼搏、精心打造，濮阳杂技已经成为濮阳乃至河南走向世界的重要文化名片。

■ 杂技表演源远流长　群众基础广泛深厚

濮阳杂技作为一种与杂耍相伴、起源于武术和功夫表演的技艺，原是为了生存的需要。在漫长的历史岁月中，保家卫国的战争磨炼使人们懂得了习武的重要性，河患所造成的背井离乡、走南闯北使他们在路见不平拔刀相助的同时，又把这门技艺变成了一种街市表演和谋生手段。人民当家做主的太平盛世，杂技成为人民群众喜闻乐见、内容丰富的舞台艺术，在今天又被打造成欣欣向荣的文化产业。从某种意义上说，一部杂技史就是一部濮阳社会发展史。

濮阳杂技来源于民间，扎根于基层。在濮阳市所辖县区中，杂技人员分布十分广泛。以华龙区东北庄为代表的杂技专业村，爱杂技、耍杂技已形成风气，有“上至九十九，下至刚会走，处处演杂技，人人有一手”的美誉。该村60%以上的群众从事杂技产业，50多户村民创办了自己的杂技企业，分别从事杂技道具生产和杂技演出、经纪等产业。东北庄杂技产业收入占全村总收入的44.8%。2007年11月，东北庄杂技被河南省委宣传部、河南民间文化遗产抢救工程领导小组评选为“河南民俗经典”。目前，濮阳市杂技人员足迹遍布全国各地。近年来，新加坡、奥地利、新西兰等国家电视台先后到濮阳寻求杂技根源。

东北庄杂技

■ 杂技教育硕果累累　精品剧目异彩纷呈

濮阳杂技艺术学校是全省唯一一所以杂技专业为主的综合性艺术学校，也是全国规模最大的杂技人才培训基地，为濮阳和全国杂技事业发展培养了大批高素质人才，被河南省文化厅命名为“河南省非物质文化遗产社会传承基地”，被河南省杂技家协会命名为“河南省杂技艺术教育基地”。学校自成立以来，累计培养杂技人才2 000多人，学员遍布国内外30多家知名杂技表演团体，其中400多人成为团体骨干。杂技艺术学校还走出国门，积极展开国际合作，为苏丹培养的20多名杂技留学生，在“中非合作论坛”北京峰会上的精彩演出，受到中、非领导人的高度评价。

近年来，濮阳杂技表演团体创作了《狮林春光》《女子大排椅》《攀登》等一批精品剧目，在法国巴黎国际杂技大赛、意大利拉迪娜国际杂技节、意大利维多纳国际明星杂技节、日本东京世界青少年杂技大赛、武汉国际杂技节、吴桥国际杂技节和其他众多国际国内大赛中，分别获得“总统奖”“政府奖”“金狮奖”“黄鹤奖”“芳草奖”等300多个奖项，2008年囊括了河南省首届杂技“百戏奖”暨第七届杂技大赛所有一等奖和二等奖。2008年以来，濮阳投巨资先后打造了两台杂技精品剧目：一是濮阳市杂技团创作生产的《神龙部落》。该剧由濮阳市委、市政府使用文化产业发展专项资金120万元进行扶持，首次采用杂技情景剧的形式，用全新的视角表现了中原族群从古至今生生不息、繁衍奋斗、创造灿烂文明的进程，把奇特的杂技表演（柔术、钻圈、绸吊等）与鲜明的中原文化符号（龙、青铜器、黄河等）相融合，交替变幻出精彩

来自非洲国家苏丹的小学员练杂技

惊险、梦幻浪漫、古典时尚、刚柔相济的舞台仙境，使整台演出极具文化内涵和艺术观赏性。该剧已于2009年5月底在河南中州影剧院公演并在该剧院长期驻演。二是濮阳豪艺杂技集团创作的大型杂技情景剧《水秀》。该剧总投资5 000余万元，政府贴息贷款2 000万元，邀请以中国舞蹈学院教授张守和为总导演的国内外顶尖创作人员组成主创班子进行制作。该剧采取空中、陆地、水面、水中舞台相结合的形式，呈现给观众一种前所未见、超越时空、三维立体、奇幻无穷的全新感觉，是一台融杂技艺术、现代科技和全新理念为一体的现代舞台艺术。该剧自2009年9月20日上演以来，观众云集，一票难求。10月3日，中国文联副主席、中国杂技家协会主席夏菊花专程来到濮阳欣赏《水秀》，并做出高度评价："这台节目以杂技为基础，把多种艺术形式融为一体，充分体现了艺术创新精神，极大地增强了杂技艺术的表现力。创新是杂技艺术的生命所在，只有不断创新，才能不断发展。创新既是杂技发展的需要，也是时代和人民的需要。在杂技艺术创新方面，濮阳通过这台节目走在了全国的前面。"当年12月28日，中央电视台《曲苑杂坛》主持人汪文华第二次来到濮阳观看《水秀》，还特意带来了《曲苑杂坛》栏目创作团队。她在接受采访时说："上次观看完《水秀》以后，精彩的表演及华丽的舞台设计给我留下了深刻的印象。我们有意通过我们的栏目将《水秀》推向全国、推向世界。"

大型杂技情景剧《水秀》

如今，《水秀》已成为濮阳文化艺术发展的标志和对外展示形象的一个重要窗口。

■ 演出团体国内一流　艺术声誉名扬海外

经过多年努力，濮阳市先后培育出濮阳市杂技团、华晨杂技集团、豪艺杂技集团等多个实力雄厚、集团化管理、规模化经营的现代杂技企业，在国内杂技行业中位居前列。濮阳市杂技团1991年被文化部授予“有突出贡献的杂技团”，2002年被文化部授予“全国先进集体”。濮阳华晨杂技集团拥有20多个演出小分队，常年在美国、韩国、日本及国内杭州、深圳等大城市演出，2007年被文化部授予“优秀出口文化企业”称号，2008年被国家商务部、文化部、国家广电总局、新闻出版总署命名为“国家重点出口文化企业”。濮阳豪艺杂技集团现有演职人员230余人，是我国规模最大的民营杂技企业之一，2005年被河南省文化厅命名为“河南省文化产业示范基地”，2008年被列入全省100户高增长服务企业。

濮阳杂技团队积极开拓国内、国际市场，在国内的深圳华侨城、杭州宋城、张家界、桂林、广州、苏州等地都上演着不同规模的杂技晚会，其中“千年等一回”“天禅”“龙凤舞中华”等国内上座率较高的晚会中都有濮阳杂技的身影。近几年来，全市杂技团体先后100余次出访世界五大洲80多个国家和地区，为联合国秘书长、上海亚太经济合作组织会议21国首脑演出，受到广泛赞誉。2006年11月至2007年1月，华晨杂技集团在美国百老汇演出50多天60场，吸引了国际巨星汤姆·克鲁斯等一批美国知名人士观看；在美国得克萨斯州演出时，美国前总统老布什偕亲属专门包场观看，并设家宴宴请全体演员。豪艺杂技集团在美国、德国等国家每年进行千余场固定演出，接待国内外观众达80余万人次。这些杂技团体在获取丰厚经济效

杂技表演　摄影：徐洪波

益的同时，也有力地提升了濮阳乃至河南的形象。

从杂技故里到杂技之乡，濮阳杂技形成政府主导、市场运作的发展模式，以发源地东北庄为“酵母”和“孵化器”，不断创新表演节目，推进管理体制改革，并通过兴办相关文化产业，成为濮阳经济和社会发展的强大助推器。濮阳正在朝着杂技名城的目标奋勇前进。

• 名片之三：中原油田 •

中原油田是中国东部重要的石油天然气生产基地，是中国石化集团公司下属的第二大油气田，主要勘探开发区域东濮凹陷横跨河南、山东两省6市12个县区，总部位于濮阳市。经全国第三次资源评价，勘探开发区石油资源总量12.37亿吨、天然气资源总量3 675亿立方米。截止到2012年底，中原油田已累计生产原油1.34亿吨、天然气576.8亿立方米。中原油田已发展成为一个具有油气勘探开发、工程技术服务、石油天然气化工等综合优势的国有特大型企业。

在30多年的勘探开发和科技攻关中，中原油田形成了具有自身特色的适应复杂断块油气田勘探开发的综合配套技术。数字地震、优快钻井和深抽工艺等14项技术达到国际先进水平，深层天然气勘探开发、复杂断块油藏注水开发、岩屑显微

油田晨曦

中原乙烯

图像分析处理等10项技术达到国内先进水平，先后取得重要科技成果197项，其中25项获得国家科技进步奖，172项获得部级科技进步奖，拥有有效专利98项。

中原油田专业化队伍充分发挥技术、装备、人才、品牌等优势，积极开拓国内外市场，目前有300余支队伍在国内28个省、市、自治区的石油市场和社会市场施工，先后创出了大陆科探1井、雅克拉装车

中原大化

末站、塔克拉玛干沙漠公路等一批重点工程、优质工程、金牌工程；有70多支队伍进入10多个国家和地区，形成了非洲、中东、南美、中亚四大国际市场，承揽了100多个国际工程项目，创造了10多项具有国际先进水平的技术。中原油田跻身全国国际工程新签合同额20强、国际对外工程承包30强企业，连年被河南省评为“对外经济贸易状元企业”。目前外闯市场队伍已成为一支多行业、多领域、多工种联合作战的集团军。

在新的发展阶段，中原油田将全面落实“一三四四二”工作思路，牢固树立科学发展观，大力实施油气主业有效发展、市场开拓、科技兴业三大战略，全面加强经营管理和企业文化建设，不断推进油田

的持续有效发展，为国家经济建设做出新的更大的贡献。

中原油田的勘探开发成就，是中国石油工人艰苦创业精神的一曲凯歌。在勘探开发初期，无数人舍弃舒适的工作环境和生活条件，到这茫茫荒原睡帐篷，啃干粮。他们日复一日，年复一年，与钢铁为伍，同风沙做伴。30余年征尘滚滚，道路漫漫，辛勤的石油建设者们用自己的双手，在中原大地树起了一座历史的丰碑，为祖国的现代化建设做出了巨大贡献。

濮阳地处中原油田腹地，丰富的油气资源为濮阳实现工业化和现代化提供了较大的能源优势。多年来，濮阳市以石油化工为依托，国民经济快速发展。2007年，全市国内生产总值首次突破500亿元，分别比全国和河南省平均增幅高出3.2与0.2个百分点，人均生产总值达到1.5万元。石化工业成为支柱产业，中原油田、中原乙烯、中原大化成为濮阳市乃至全省、全国的骨干企业。

名片之四：“七城二奖”

来到濮阳，人们的第一个印象是：天那么蓝，地那么绿，空气那么清新，人那么和蔼可亲。这一切都得益于濮阳市建市30多年的可持续发展战略。国家卫生城、国家园林城、中国优秀旅游城市、中国历史文化名城、国际花园城市、中国最佳文

美丽新濮阳　摄影：僧少琴

城市一角

化生态旅游城市、全国文明城市、首届中国人居环境范例奖、迪拜国际改善居住环境良好范例奖等“七城二奖”荣誉包含了濮阳人拒绝以牺牲环境为代价而获得社会发展的先进理念。

注重对生态环境的保护既是濮阳人对历史进行反思的结果，也有着深刻的现实原因。

濮阳地处黄河下游冲积扇的中心地带，每当秋冬和冬春之交，大风将黄沙从中游吹向下游，加上黄河泛滥，严重地破坏了下游的土壤结构和地形地貌，形成风沙、洪涝、干旱、盐碱四大自然灾害，人民的生活水平在贫困线上下徘徊。治水和治沙构成了濮阳人安身立命的生存基础。几千年来，历代王朝或是出于战略需要，或是为了维护漕运畅通而被动地对黄河进行治理，使得濮阳的自然环境不能从根本上得到改善。在濮阳人的心中积淀着对环境恶化的太多痛苦记忆及对保持水土、保护环境的强烈渴求。濮阳建市以后，历届市委、市政府经过科学论证，始终把环境治理当作施政的首要任务，在相继创建成功国家卫生城、国家园林城之后，又确立了建设生态城的战略目标。如今的濮阳，城市绿化覆盖率达40%，人均公共绿地8平方米。濮阳市规划合理，建筑新颖，管理规范，环境优美，城市道路与绿化浑然一体。城市绿化点成景、线成荫、面成林、环成带，呈现出“人在绿上走，车在树下行，楼房花中卧，闹市园林中”的独特景观，被建设部赞誉为“人居佳境”“中原

城市夜景 摄影：僧少琴

绿洲”，目前正向国家森林城市的目标迈进。2005年，在全国600多个城市综合评定中，濮阳市入选中国特色魅力城市200强，中国社会科学院发布的《2005年城市竞争力蓝皮书》对国内200个城市综合竞争力排名，濮阳市名列第77位，居河南省第3位。

一位外地记者这样描述对濮阳的感受：

最大的感觉就是静和绿。……一座座楼房就排映在绿树之间，可以说是“半城绿树半城楼”。在街道的每一个拐角，在每一个居民小区或办公区，都有成片的绿地。即使很狭小的一处庭院，也会有一两棵绿树。濮阳市区，可以说无处没有绿荫。

绿树是噪音的过滤器。在濮阳的大街小巷行走，那种身心的感觉就是到了静谧的乡村。没有都市的喧嚣和浮躁，满眼翠绿之中，是略显气定神闲的市民。

濮阳的绿、濮阳的规划、濮阳的民风，让人感觉“七城二奖”的金色名片名副其实。[①]

人间仙境，生态乐园，濮阳人在昔日的黄河滩上树立了人类史上一座绿色的丰碑。

濮阳，这个豫东北新兴的城市，悠久历史和现代文明相辉映，物质文明与政治文明、精神文明相协调，正张开双臂迎接和谐、美好的未来。

---

① 摘自《濮阳：中原绿洲的品牌城市》，商丘报业网，2006-10-09。